AF599612

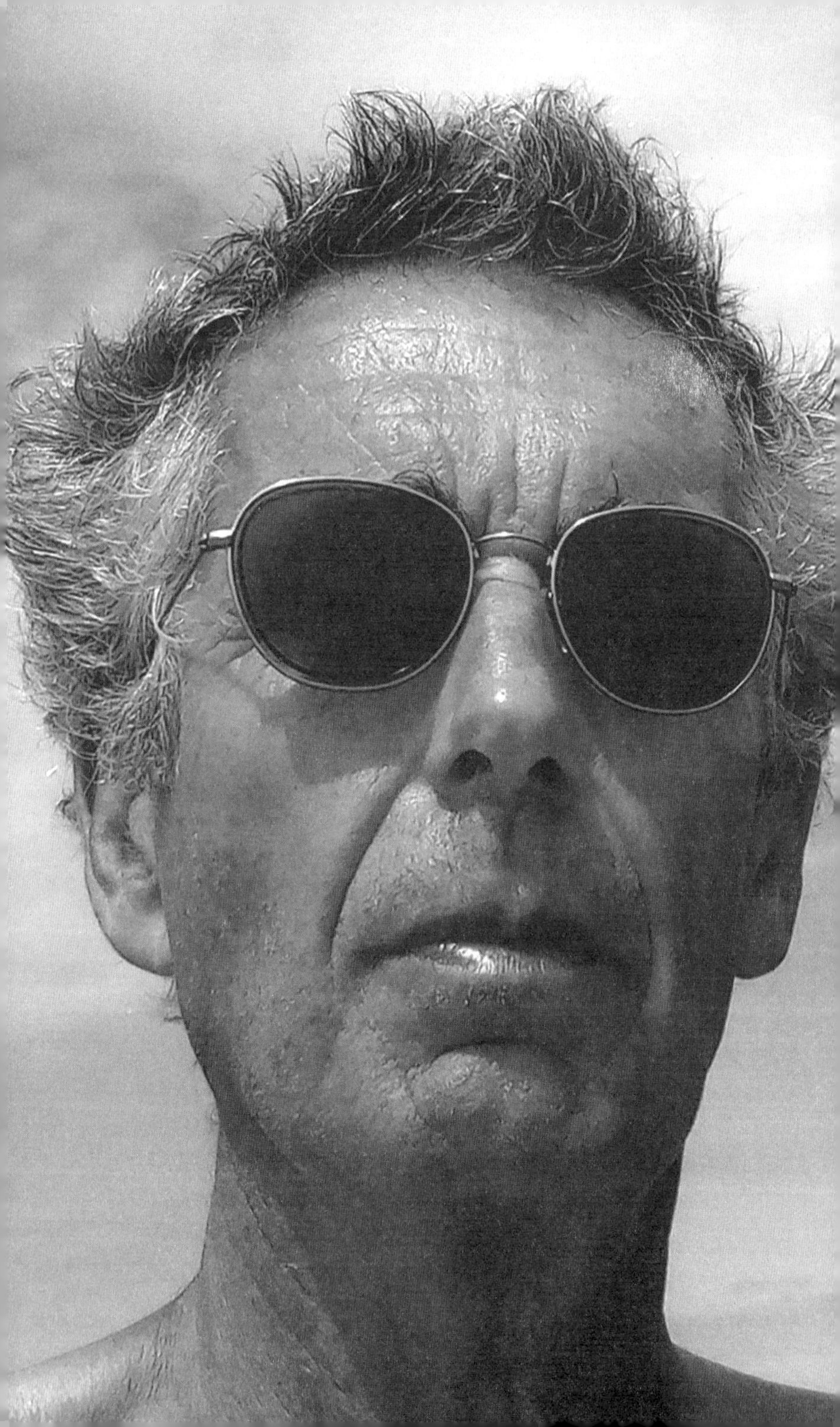

CARLOS
CLAVERÍA
LAGUARDA

No me cuentes tu vida

LÍMITES Y EXCESOS DEL YO NARRATIVO Y EDITORIAL

MAESTRALE 06

CARLOS
CLAVERÍA
LAGUARDA

No me cuentes tu vida

LÍMITES Y EXCESOS DEL YO NARRATIVO Y EDITORIAL

El autor dedica este libro alfabéticamente a Ángeles del Castillo, Juan-Carlos Conde y Marisa Herrero y les agradece la *inconsueta perspicacia* lectora

La ficción y la historia son disciplinas diferentes, y ninguna de las dos concede licencias a incompetentes, oportunistas o charlatanes.

W. H. Gass, «The Art of Self» (1994)

Cuando yo veo a estos chicos minimalistas que con una novela de ciento cincuenta folios, y ni eso, en los que se limitan a escuchar discos, y a transcribir de una manera naturalista una vida tonta y decadente, son jaleados como la esperanza de la literatura española es que me descompongo.

M. Vázquez Montalbán, *Erec y Enide* (2003)

Recuerdo aquella serie de fotografías que [Pasolini] *se mandó hacer en su retiro en Cimino mientras escribía desnudo. ¿Se imagina a Calvino en calzoncillos? No es un juicio de valor, es pura descripción.*

A. Asor Rosa, entrevista concedida a
La Repubblica, 15 de octubre de 2015

¿Corre el riesgo la narrativa autobiográfica de caer en el ombliguismo infecundo?

A. Caballé, «Literatura del yo, mí, me... ¿sin mí?»,
El País, 6 de enero de 2017

Yes.

H. Murakami, *Killing Commendatore,* marzo de 2017

Primera parte

LA PROSA DEL YO

Si se quiere publicar un libro, a veces conviene vender como novela algo que en sí no es una novela.

A. Berardinelli, «Romanzo o racconto?», en *Non incoraggiate il romanzo*

§ 1. Premisa

Avanzada la lectura del capítulo quinto de *Una habitación propia,* Virginia Woolf dice que Mary Carmichael deberá *(must)* «alumbrar su propia alma con las profundidades y las trivialidades, las vanidades y las generosidades que tenga». A continuación, Woolf-Carmichael sigue el paseo imaginario por Londres y entra en una tienda en la que encuentra una joven detrás del mostrador. La joven, para la escritora, era un «espectáculo no menos digno de la pluma que una cumbre nevada o que un desfiladero rocoso». Catalogada la joven como tema literario, Woolf dice preferir «su historia verdadera» [*«her true history»,* la de la joven] a la centésimo quincuagésima biografía de Napoleón o al septuagésimo ensayo sobre la influencia de Milton en Keats, como sin duda se aprestan a hacer los profesores universitarios.[1] Las preferencias de Woolf de un tiempo han triunfado en los nuestros, y por partida doble: la literatura abunda en «historias» de muchachas y muchachos contadas para hacernos creer que son

1 V. Woolf, *Una habitación propia* [2020:116-117].

verdad dentro de un mundo supuestamente inventado. Los muchachos y las muchachas han tomado cartas en el asunto y se han lanzado a «alumbrar su alma» con la llama de la antorcha del yo hasta dejar entrever, en muchos casos, «trivialidades y vanidades».

La corriente por la que suspiraba Woolf se convirtió al poco en inundación, y un crítico estadounidense afirmaba en 2010 que en algo aún más desolador.

> Hoy, aquella inundación [de 1990] se ha convertido en un tsunami. Hemos llegado a un punto en que lo mejor que puede llegar a escribir un recensor acerca de una narración autobiográfica es que... bueno, al menos no es un *memoir* [...] de esos al estilo «pobrecita de mí».[2]

Woolf se lamentaba en 1929 de otra particularidad de los escritos: la abundancia del «yo» masculino como objeto literario —o como intercalación en una obra literaria—, exceso que se había convertido en endémico. Los yos copaban y copan los libros de autores y autoras y el sexo o las cualidades intelectuales no eran y no son discriminatorias. Poco después de que la escritora inglesa le reclamara a su amiga-*alter ego* indagar las profundidades del alma femenina, sostuvo que era imposible leer un libro escrito por un hombre porque la sombra del yo impedía ver más allá, porque la sombra del árbol del yo, imagen del *I* inglés en cursiva, impedía ver el bosque de la literatura:

> Pero al cabo de un capítulo o dos una sombra pareció tenderse sobre la página. Era una raya bifurcada y oscura, una sombra de forma parecida

2 D. Mendelsohn, «But Enough About Me» [2010]. La fructífera expresión «pobrecita de mí» la cita Mendelsohn tras leerla en una reseña de *The Washington Post* a la novela *Enemies of the People* de Kati Morton.

a la palabra «yo». Trataba de esquivarme por cualquier lado para ver el paisaje detrás de la forma. No podía divisar si había un árbol o una mujer paseando. Siempre la palabra «yo» que me reclamaba. Empezaba a cansarme del «yo» [Woolf 2020:128].

La presencia del «yo» en la narrativa no era nuevísima en 1929, por lo que no es nueva hoy y no carece de palabras que la definan, aunque no sean estrictamente sinónimas. El nombre de los géneros literarios a los que se quiere adscribir el egocentrismo hecho relato depende de los matices que quieran ponerle al «yo» literario los críticos correspondientes: biografía, autobiografía, cuaderno, autoficción, novela de formación. Grazia Cherchi recordaba en una anécdota profesional hecha literatura que el pecado no es que la chica del mostrador y el taxista quieran escribir, sino que consideren su vida hecho literario por el simple hecho de ser su vida. Es decir, Cherchi advertía de que lo auto «no» lleva inmediatamente a lo narrativo (o *fiction*) y que en la condición endémica de la narrativa egocéntrica se había implantado una semilla borde que anunciaba —Cherchi se equivocaba en 1986— el agostamiento:[3]

—Soy arquitecto, pero me he hartado —me informa mi amigo—. Me he tomado dos años sabáticos y he escrito una novela.

Lo dice con el tono de quien anuncia una buena nueva.

—No es una novedad. Hoy todos escriben novelas —digo.

—Sí, pero esta es especial. No debería decirlo yo, pero es especial de verdad. Le he dedicado dos años

[...].

—Vas muy cargada.

3 G. Cherchi, *Basta poco per sentirsi soli* [1986], Papero Editore, Piacenza, 2018³, pp. 57-61.

—Quien lo ha escrito haría bien en dedicarse a trabajos manuales.

—No lo dudo. Además, no hay escritores menores de sesenta años. Es un fenómeno mundial

[...].

—¿Te has dado cuenta de que ahora escriben, sobre todo, los no escritores? —digo a la vez que pido un café.

—En el último mes he leído las novelas de un juez, un médico, dos abogados, un sociólogo...

—¿No te olvidas de las mujeres? A mí, la semana pasada, me ha tocado una condesa, una actriz, una psicoanalista y una asistente social.

—Es verdad, las mujeres han vuelto con mucha fuerza al mundo de la escritura. Ayer se me lamentaba un crítico: «Me veo obligado a una castidad forzada. Antes de pasar a mayores, todas, digo todas, las mujeres se sacan de la manga un manuscrito».

—Será por influencia de las películas americanas, pero hace tiempo que las novelas parecen guiones cinematográficos —digo.

—Hay más *plot* que antes, es cierto, pero la acción ya no te quita la respiración. Es el negro quien se encarga de que la acción no te corte la respiración, pues entre un robo y un tiroteo, después de una violación te suelta unos monólogos en los que evoca infelicidades infantiles, familiares y existenciales que no importan a nadie un comino. [Y aquí se insinúa que el negro de Le Carré es quien pone el relleno...].

Francesco me acompaña a la parada de taxis. Tiro los fajos de papel en el asiento.

—¡Cuánto papel! —dice el taxista—. ¿Qué son?

—Novelas que debo leer.

—Por Dios, ¡qué suerte! Yo también he escrito un libro: mi vida. Aquí lo tengo.

Y con la manaza ondea al viento un fajo de folios.

El fenómeno es transoceánico. Daniel Mendelsohn recuerda el elenco de las categorías laborales que se han dedicado al *memoir* en Estados Unidos según Sam Yagoda: caballerizos, sastres, agricultores, lañadores y predicadores itinerantes sintieron la necesidad de dar testimonio de sus vidas. Recuérdese que, por tiempo y calidad, las letras españolas dieron primero: tenemos pícaros y capitanes valerosos capaces de inaugurar un género literario; inigualado, por demás.

De todos los nombres que se le dedican a la prosa literaria nacida del yo, parece que haya triunfado en castellano el de «autoficción». La bibliografía que traza la historia de la presencia del «yo» en la prosa es casi infinita.

§ 1.1. Rudimentos teóricos

No me voy a detener mucho en definiciones, justificaciones y aclaraciones académicas acerca de qué entienden los estudiosos, ni qué entiendo, por autoficción o semejantes. Serán pocas y las arroparé con ejemplos no siempre sesudos, es decir, a veces sacados de la experiencia, que para algunos es la parte real del «yo», aunque con tanto yo en un ensayo pueda parecer que de la prosa del yo hemos pasado al ensayo del yo o «autoensayo».

Durante no pocos años estuve al tanto de las «propuestas de publicación» que recibió una editorial de Madrid. Tuve acceso a un promedio de tres inéditos (y medio) por semana: es decir, dispongo de un corpus considerable de inéditos en los que basar algunas reflexiones. Quizá no sea un corpus representativo de la industria editorial que reproduce libros así por millares, pero es sintomático del peligro que esconde la parte oculta del iceberg si, en un lugar apartado del reino, hasta las duquesas y las psicólogas y las catedráticas de biología, y los poseedores de másteres en comunicación y los profesores de literatura y los arquitectos en año sabático envían «prosa del yo» en busca de editor; hablo de autoficción y similares: diarios, memorias, sagas familiares, un amor en primera persona en un verano playero.

Intuyo que los editores no me dieron a leer todas las propuestas recibidas porque son capaces por sí solos de discriminar —abogo por la *par conditio creditorum*— «las analfabetas y los analfabetos literarios inconscientes de serlo» de quienes merecen una dedicación que vaya más allá de las diez primeras páginas. Se dice que la expresión entrecomillada era una de las preferidas de Leo Longanesi.

Se decía años atrás que el «no» de un lector editorial era siempre un «no» que debía transmitirse al autor con curiosos circunloquios, y que un «sí» no significaba la aceptación inmediata del original.[4] Giulio Einaudi explicó en 1991 las razones por las que grandes textos literarios que lo son a juicio del autor y del lector editorial quedan relegados y hasta sin respuesta editorial. Los valores estrictamente literarios hace años que significan poco por sí solos.

> Si los reunidos son un grupo de mandamases, dicen que hay que fabricar un superventas para el año venidero, y el sociólogo interviene y habla del gusto del público y lo que es *trend,* aconseja el tema a tratar [...]. Luego habla el director comercial, y aconseja que el libro no supere las tantas páginas, para poderlo vender al precio justo de tanto, y así se sigue la discusión con cosas de la cubierta, del lanzamiento [...]

4 Sin circunloquios, de sopetón, y con curiosa insolencia informaba el lector editorial G. Ferrater, *Noticias...* [2000:62-63, 99 y 123], a saber: «El héroe del libro es un poeta [...], la mujer del poeta trabaja y cojea y es muy guapa y es más feliz recibiendo de su esposo un buen poema que un buen polvo» [...]. «Este poema en particular está lejos de ser de primera fila, si bien revela que su autor es un hombre inteligente que podría ser un buen prosista» [...]. «Camilo José Cela vive de los réditos que le da plagiar a [Gutiérrez] Solana», y cosas aún más sabrosas.

> y se acaba por pedirle a un escritor de pluma fácil un libro de amor con final dramático [Cesari 2018:120].

Nuevos tiempos requieren nuevas artes y nuevas modas. He desestimado libros que los editores, los directores comerciales y los autores creían especiales; es decir, he tenido que claudicar demasiadas veces para mi gusto. Dicho de otro modo, sépase lo ya sabido: «Señoras y señores, la autoficción no está muerta, *malgré tout,* y vive en todos los estratos del presente literario» y tiene sus reyes, sus reinas, su aristocracia y su pueblo y maestras que como Vivian Gornick utilizaron «sus experiencias personales para el análisis social». Como lección «más imperecedera», Gornick nos ha dejado la siguiente: «No escribas sobre tus sentimientos, usa tus sentimientos para escribir». Así haciendo, conseguirás que no quede todo en una «relación de batallitas y anécdotas bien empaquetadas: lo importante no es lo que le pasa a la persona, sino el sentido que la persona le atribuye a lo que ha vivido».[5] Los contrarios a esta tesis utilizan una paráfrasis de tono presidencial para relativizarla: «No te preguntes qué puede hacer por ti la literatura, pregúntate qué puedes hacer tú con la literatura». En los párrafos siguientes se verá que tesis y paráfrasis tienen relación con el valor terapéutico o ansiolítico de la prosa del yo.

De lo que viví como lector de originales inéditos saqué estadísticas y experiencias que confirman tanto el tsunami del que habla Mendelsohn como la ligereza plumífera de la que se quejaba Cherchi. La mayoría de los libros que he leído por trabajo, en una «mayoría a la búlgara», los presentaron los autores o las autoras como textos de autoficción. Los así

5 B. Ayuso, entrevista a V. Gornick, «La maestra de la literatura del yo», *El País,* 7 de julio de 2024.

catalogados fueron leídos, juzgados y devueltos al editor. Supongo que, luego, este le transmitía la decisión al autor o a la autora. No es que deteste el «género aún sin nombre», aunque al respecto esté de acuerdo con algunos escritores gruñones,[6] es que no me gustaba lo que decían los libros ni, sobre todo, cómo lo decían. No se trataba de detestar o aplaudir un género literario, sino de exigirle a los remitentes de originales unos requisitos literarios mínimos, sin que faltasen dos fundamentales: originalidad e interés. Y estos dos no son suficientes de por sí para alguien a quien han encargado que ejerza el casi desaparecido oficio de crítico, aunque es posible que basten para los directores comerciales. Por regla general, los rudimentos de la creación literaria dicen que una novela debe construir un mundo, un lenguaje para expresarlo y unos personajes que le den vida con credibilidad.[7] La palabra fundamental es crear. Se puede recrear, claro —en el caso de que se quiera pensar que *Las metamorfosis* de Ovidio son una recreación de Hesíodo y que *El mal oscuro* es la simple reorganización de los males de Giuseppe Berto—, pero entonces la originalidad de la prosa y el interés de las peripecias tendrían que suplir las carencias que el recrear presenta ante el crear cuando se habla de arte. Es decir, para recrear con garantías sería aconsejable tener la calidad literaria de Ovidio o la agitada vida de Berto, o tender a ellas. Quizá sea conveniente no olvidar una sentencia de Kundera, la que insiste en el valor

6 J. Marsé, *Notas…* [2021:277]: «Lo de la autoficción me tiene más que harto. Es la palabreja de moda de los críticos más incompetentes. ¿Hasta cuando habrá que repetir que en literatura lo verosímil es más valioso que lo real?».

7 Hay otras reglas generales, casi ancestrales; verbigracia, las novelas son *«des histoires feintes d'aventures amoureuses écrites en prose avec art pour le plaisir & l'instruction des lecteurs», Lettre de Monsieur Huet à Monsieur de Segrais de l'origine des romans,* Mabre-Cramoisy, París, 1678, p. 3.

subversivo de la novela, pues la que no descubre una porción de la existencia desconocida hasta entonces es novela inmoral.

Si el escritor o la escritora carecen, o en el mejor de los casos dudan de si las tienen, de las características reseñadas (originalidad, interés, mundo creado, personajes adecuados, estilo apropiado, descubrimiento de una realidad encubierta), por muy bien que empaqueten sus vidas, por mucho que la agente literaria de turno cargue las tintas de la publicidad de la desfachatez y nos presente la vida de César Pallino como si fuera la de Giacomo Casanova escrita con la sensibilidad de Annie Ernaux y la contención gramatical de un oscuro erudito de provincias, es muy posible que el libro ofrecido acabe por presentar la vida de un oscuro erudito de provincias escrita con la sensibilidad del vacuo Giacomo Casanova y con la contención gramatical de un guirigay televisivo.

Los tiempos cambian. La novela se juzgaba y disfrutaba en tiempos según el nivel que tuvieran las peripecias, los equívocos, los imprevistos, la invención de una realidad hecha verosímil (se piense en el *Lazarillo, Orgullo y prejuicio, David Copperfield* o *El castillo* respectivamente) y la capacidad del autor y de la autora para reglar con la prosa lo que la realidad no les había previsto a ellos o a los personajes (Madame Bovary, Anna Karenina). En las novelas de la prosista del yo más reconocida, Annie Ernaux, en las novelas de la memoria, la literatura se juzga según se haya amoldado a un modelo ya establecido y haya sabido salir de él para, sin dejar de ser paradigma, pontificar con un único silogismo.

En resumen, el lector saturado por la presencia del yo puede acabar harto de naturalismo de cuarto de estar de tres al cuarto. La sensación es que el yo personal ha dejado sumergidos los valores literarios exigibles en la ficción, aunque sea ficción híbrida o realidad de baja intensidad: verosimilitud, arco temporal, estructura, redacción —*inventio, dispositio, elocutio, actio* (o *pronuntiatio,* según se dice en la otra rama)—. Valores clásicos como los expresados por Aristóteles en la *Poética,* modernos como los defendidos por Cicerón en la *Epístola a los pisones,* futuristas como los estudiados por Kundera, Cercas o simplemente académicos como los defendidos por Francisco Rico y otros han quedado sumergidos por la quinta de las partes en que se dividía la retórica: *memoria,* recuerdo de lo mío y presencia constante del pasado ya vivido a la hora de hablar, obsesión por memorizar lo que se ha de exponer.

El género basado en el «yo protagonista» tiene ancestros insuperables desde *Las Confesiones* de Agustín de Hipona. Se ha visto que no todos los libros basados en el yo son iguales ni responden a la misma definición. Tomaré una de ellas, la del *memoir* —el sencillo relato en primera persona de hechos y experiencias— para, de la mano de Mendelsohn, anunciar algunos detalles que han convertido el *memoir* en la oveja negra de la familia literaria, aunque lo frecuentaran también Rousseau y Errol Flynn. Muchos han visto en los ejercicios de memoria un montón de

> revelaciones inconvenientes, desagradables actos de deslealtad, mentiras más que seguras, una pizca de exhibicionismo [...]. Como un invitado borracho a una boda, llega a mortificar a los invitados más sobrios (filosofía, historiografía, narrativa) pues airea secretos de familia y llega a ruborizar a los viejos amigos, empujado como está por una necesidad aparentemente irreprimible de ser el centro de atención [Mendelsohn 2010].

Desde siempre, el escritor avisado sabe que tiene bula para escribir de sí, pero si se dan únicamente dos circunstancias.

Otras motivaciones que no sean estas serán consideradas innobles, pues «no parece lícito que una persona hable de sí misma». Sentido y nobleza de sentimientos tiene hablar de sí mismo cuando a) «uno no puede defenderse de infamia o peligro si no habla de sí mismo» o b) «por hablar de sí mismo se sigue a los demás gran utilidad o doctrina»; es decir, para defenderse (como Boecio) o para instruir con el ejemplo de buenas acciones (Agustín) o de malas acciones (Lautréamont).[8]

En esta primera parte del volumen me he propuesto relatar décadas de oscuro y mediocre trabajo editorial a partir de cómo ven algunos lo de mirarse el ombligo y escribir; la segunda y la tercera parte las inundan párrafos a) de mi experiencia de editor con rudimentos de filología y b) de la relación que la oscura y mediocre tarea editorial me obligó a tener con la creación literaria y con la vanidad de autores y autoras. La cuarta parte se centra en la autopublicidad editorial.

De momento, afirmo que no sé elucubrar con métodos académicos sobre la «filosofía de la autoficción», ni sobre el metalenguaje de la novela del yo, del *cyber-soi,* de los diarios (ya lo hizo con bien el profesor Jordi Gracia), de los epistolarios privados (ya lo hizo con bien Italo Calvino) ni de los relatos que son una ampliación del tuit o del post de Instagram redactado a modo del ungüento blanco que llevaba Sancho Panza en el morral y que «para todo sirve y nada aprovecha». La obsesión académica por catalogar los escritos en géneros

8 Véase D. Alighieri, *Convivio,* I.2.2: «*Parlare alcuno di se medesimo pare non licito*»; I.2.13: «*L'una è quando sanza ragionare di sé grande infamia o pericolo non si può cessare*»; I.2.14: «*L'altra è quando, per ragionare di sé, grandissima utilitade ne segue altrui per via di dottrina*». Hay edición española, F. Molina Castillo (tr.), Cátedra, Madrid, 2006.

puede interpretarse como un curarse en salud para dar patente y pasaporte claro a textos que sirven hoy para un roto y mañana para un descosido. La obsesión catalogadora quizá quiera escondernos que la novela como hecho industrial se ha convertido en actividad que produce frases intercambiables (no originales) según los intereses de quien la vende, en un género que, cuanto menos sale del confortable círculo del dolorido yo, más garantías ofrece a la industria. En el otoño de 2021, una editorial italiana con un catálogo reseñable y que forma parte de un conglomerado industrial hizo publicidad de un libro suyo en una red social, de esta guisa:

> Es una declaración de amor a las pasiones, a la poesía, a la belleza de la naturaleza, al eterno femenino que se revela ante nosotros. La historia de un amor negado, la prepotencia de un mundo cerrado y mezquino, capaz solo de esconder, de reprimir, de dejar que a existencias enteras [*sic*] las cubra el polvo de la historia sin poder ser rescatadas y sin tener futuro,

que sirve igual para ir y para volver, para de aquí sacar una novela sobre la declaración de amor a las pasiones o para todo lo contrario. El libro en cuestión iba, por supuesto, de alguien que cuenta su lugar «en» el mundo, en primera persona, y como si le hablara a alguien que prestara atención de baja intensidad dentro de un confesionario. Una particularidad de la novela clásica era ser lo contrario a lo dicho: se contaba la relación de alguien «contra» el mundo, aparecía un narrador omnisciente al que no le bastaba con contar la historia pues quería ofrecer una visión de la sociedad y una moral casi proselitista tras dominar los pensamientos de los personajes (algo muy parecido, en definitiva, a lo que hace hoy el «clasicizante» Houellebecq en *Les Particules élémentaires* [1998]).

No haré lo de detenerme en elucubrar acerca de definiciones académicas por tres razones: porque ya está hecho y la iglesia de la autoficción tiene su canon de padres en España —por ejemplo, en Casas [2012] y Manrique Sabogal [2022]—, porque el mundo de la autobiografía tiene su maestra [Caballé Masforroll] y sus alumnas aventajadas Pérez Fontdevila y Torras Francès [2016], y porque estoy de acuerdo con Marta Sanz [2021:218] cuando se enfada y afirma que da igual si un texto es autobiográfico o «autoficcional», pues la diferencia le parece «espuria. Ganas de suscitar polémica. *Marketing* académico», en consonancia con lo que había dicho en *Novela & Vida* [2020:205]:

> Yo es que nunca me he sentido identificada con el término «autoficción» porque, aunque la verdad sea un concepto tan peligroso, yo he intentado en los libros tener una aproximación no escéptica hacia el lenguaje, y pensar que el lenguaje puede ser una herramienta medianamente suficiente, y que capta las luces y las sombras. Pienso que a veces, en los libros de autoficción que he leído, determinados autores y autoras se utilizan a sí mismos como personajes para verosimilizar un texto que probablemente no es verdad. Y están obsesionados con el concepto de verosimilitud. Como yo estoy permanentemente cuestionando en lo que hago el concepto de verosimilitud, pues no lo comparto.

También tiene razón Vila-Matas [2017] cuando dice que sabe poco de «autoficción». Afirma que para hablar de recuerdos inventados que la literatura y el tiempo han hecho verdaderos no es necesario poner nombre a ningún «supuesto nuevo género». A Annie Ernaux le parecía que crear un nuevo término era una manera de no entrar en discusiones: «Hay otra cuestión, y esta no viene de mí, sino de las críticas o de los investigadores: ¿usted hace literatura o sociología? ¿Autobiografía o autoficción? En un momento dado, para que dejaran de preguntarme, encontré esta fórmula: hago autosociobiografía. O también: etnosociobiografía».[9] Volveré a estas razones más adelante.[10]

Puestos ahora a suscitar polémica, hagámoslo por cosas de sustancia, no de apariencia o título. No llamemos autoficción a lo que aquí se trata, llamémoslo «dar la bulla con uno mismo». No, en este caso el polémico no soy yo, es Italo Calvino, persona poco sospechosa de desafección a la literatura. La razón esgrimida era que «con dar la lata [*la lagna*] sobre uno mismo no se resuelve nada. Uno debe intentar dar el máximo cambiando el mínimo de sí mismo».[11] Conviene contextualizar el enfado de Calvino: la frase la escribió el novelista a un poeta que se quejaba continuamente —de estar solo, de ser viejo, de no merezco esta injusticia, de anticipar el síndrome Calimero— en tiempos en los que el hombre, se sabía, estaba solo, pero tenía «ante sí la naturaleza y la historia». La vida escrita cobraba sentido, fuera la del taxista o la de la secretaria de redacción (como la del novelista o la catedrática de Literatura creativa), cuando no reconocer dioses o recuerdos significaba que la literatura debía escribirse «para corregir las idolatrías pretendidas por la filosofía, para mirar con el ojo crítico y relativo del hombre que ya no se considera el centro del universo» y que a partir de las enseñanzas de los novelistas del siglo XIX y de los filósofos anteriores había creado, sí, una nueva dimensión del alma humana que suponía una nueva «dimensión del

9 A. Ernaux y R. M. Lagrave, *Escribir la intimidad* [2024:67-68].

10 La autoficción ha sido estudiada recientemente con parámetros científicos en A. Ceballos-Viro y K. Vanden-Berghe, «La autoficción en la práctica. Un estudio de recepción empírica», *Ocnos*, 23.2 (2024).

11 I. Calvino, *I libri*... [2022:96], en una carta al poeta Velso Mucci.

individuo, así como una nueva conciencia de la naturaleza y una nueva conciencia de la historia».[12]

La diatriba de Calvino matiza la teoría de Woolf, si la tomamos esquemáticamente, de que una señorita tras un mostrador merece más atención que una cordillera rocosa. La novela de un tiempo exigía que la condición interior de la señorita estuviera ligada, y hasta condicionada, con lo que sucedía en la cordillera rocosa y que la ficción tuviera una función moral sin dejar de ser ficción, pues se creía entonces que en el simple yo individualista solo cabía la actitud decadentista o esteticismo refinado. Será conveniente dejar claro también lo antes posible que si lo conocido por autoficción no quiere ser considerado novela, todo lo anterior no se le puede aplicar. Y tampoco lo que sigue. Si he decidido incluir la autoficción y sus cuasi sinónimos en el campo de las novelas es solo para poder juzgarla con los mismos elementos que sirven para criticar o llevar a la *krísis* la prosa literaria, la ficción o como se quiera llamar; es decir, prefiero estudiarla con los criterios que permiten analizar y glosar algunas de las más importantes creaciones literarias contemporáneas. Al fin y al cabo, se llamen como se llamen y se quieran adscribir al método que sea, lo que «interesa sobre todas las cosas son las pruebas por las que atraviesa el hombre y la forma en la que este logra superarlas»,[13] unir, de este modo, en la misma hoja la capacidad de *memoria* y de *actio* con los artilugios, recursos, estrategias y prácticas literarias; nótese que no digo «con las reglas de la novela», y es que muchos opinan que la novela es el género sin reglas, o con todas las reglas.

12 I. Calvino, *Punto y aparte* [1983:34], en el capítulo titulado «Naturaleza e historia en la novela».

13 *Ibidem,* 26, en el capítulo titulado «La espina dorsal».

No todos están de acuerdo con Calvino. Sucede que, desde 1954 hasta hoy, al mundo y al ser humano le han aparecido muchas carencias, y se dice que dar la lata con las cosas de uno tiene efectos terapéuticos muy recomendables. Lástima que los efectos terapéuticos de la escritura no coincidan siempre con la salud literaria:

> Hablar de uno y de los traumas que tiene procura beneficio a los traumatizados, los manuales de *self-help* lo aconsejan, y por algo se organizan en las cárceles y en los centros de higiene mental cursos de escritura creativa [Siti 2021:34].

La ironía de Walter Siti es legendaria, y en este caso resulta propedéutica. La capacidad terapéutica que tiene hablar de sí (sea como ejercicio de memoria o como ejercicio literario) es la primera que destacan algunas historiadoras de la literatura y no pocos críticos literarios.[14] Y la destacan primero por creer verla en el que está considerado el primer libro

14 Sobre en qué momento se dan «cuenta» los escritores profesionales de que el libro empieza «a cuajar [...] no únicamente como vómito, como conjura del dolor, como necesidad de satisfacción casi terapéutica», son útiles las preguntas sobre sinceridad e invención que hace Jordi Gracia a Manuel Vilas en la conversación inaugural de *Novela & vida* [2020:12-13]. Un lector que hubiera leído los primeros libros de Vilas tendría que haberse vuelto muy crédulo para no sonreír ante la respuesta del escritor cuando afirma que solo «a los tres días de publicarse [*Ordesa,* en 2018] me empiezo a preguntar: ¿qué demonios he debido de escribir?». La muerte de la madre es el punto de partida de la novela *Scuola di nudo* [1994] de Walter Siti, que opina a propósito que abrirse para contar la historia es posible que no sea más que «esconder que se ha caído en una falla, temo que sea dar pie a una "narrativa débil" entendida como elección tomada por comodidad. Recurrir a la narrativa (correr a esconderse en brazos de la narrativa) porque allí es más difícil ser criticado, más difícil medir la propia equivocación, es una pulsión viva en mi interior, y por eso me da miedo», en W. Siti, «L'orgoglio del romanzo», *L'Asino d'oro,* 10 (1994), p. 63.

de confesiones, el de las firmadas por Agustín de Hipona hacia el 370 d. C. Utilizaré la poesía para hacer un paralelismo. Tomemos la famosa sentencia de Leopardi —«*Tutto si è perfezionato da Omero in poi, ma non la poesia*»—[15] y pensemos por un momento en qué ha pasado con la escritura en primera persona desde que Agustín decidió confesarse y, al mismo tiempo, dar testimonio.[16] Los críticos dicen que no es la excesiva cantidad de prosa testimonial o de reinvención del yo lo que cansa, sino que, como hemos cambiado la forma de pensarnos y de querer relacionarnos con el mundo, hemos cambiado la forma de ver las confesiones o testimonios de los demás: es decir, como somos desconfiados, superficiales, insinceros, vanidosos, como no tenemos un profundo sentido de culpa ni del perdón (ajeno y propio) y otros conceptos de la tradición católica, como la alcahuetería ha suplantado el interés... desconfiamos por sistema del testimonio de los demás. Si, por añadidura, el empaquetado gramatical y literario no es de primerísima calidad y fresco, pues nos huele mal. En suma: las confesiones como género no se han mejorado desde las que publicó Agustín de Hipona, pero practicarlo como ejercicio de introspección superficial ha empeorado a muchos de los que lo han ejercido. En este caso la medicina estropeó la enfermedad. ¿Cuál era la enfermedad y qué medicina requería?

Antes de seguir, recuérdese que estamos ante una práctica literaria peligrosa, que en este mundo existe «lo que se conoce» y asimismo «lo que se imagina», que suelen necesitar recursos literarios diferentes. Es posible que el autor joven

15 G. Leopardi, *Pensieri di varia filosofia*... [1898:58].

16 Manuel Garrido llama la atención sobre el doble sentido de *confiteor* en san Agustín, *Las Confesiones,* A. Uña Juárez (ed.), Tecnos, Madrid, 2007^2, pp. 23-24.

no reconozca que es importante tener claro «que se está haciendo una cosa y no la contraria», por lo que se lanza a escribir sin término medio, y sin principio ni final. Con estos tres peligros identificados y a la vista, ¿cuáles son los rasgos más evidentes que ayudan a confirmar que la autoficción es una práctica (a estas alturas ya casi se le podría llamar género literario) muy arriesgada para los escritores jóvenes que mandan originales empujados por el deseo de que sus papás los quieran o sus exnovias los odien? Lo veremos en esta primera parte y por capítulos: § II, Calimero y el regodeo en la desgracia; § III, ojo con el punto de vista y las narraciones desenfocadas; § IV, atención al ombligo, que a veces tirar de él duele; § V, la sinceridad en el atrevimiento cobarde; y § VI, qué me estás contando si ni siquiera sé quién eres, o ni siquiera sabes quién eres.

§ II. Calimero

La biografía novelada ha tenido tantos detractores —y tantos partidarios— como la autoficción.[17] Aquella y esta parecen exactamente lo mismo, pero no lo son por razón de un detalle técnico en el que insistiré luego. Lo haré de la mano de un mundialmente conocido cascarrabias (Francisco Rico) que resolvió la cuestión del «yo» en la prosa y lo del punto de vista narrativo antes de que los teóricos franceses crearan el problema. Estrellarse cuando se escriben libros híbridos es

17 Entre los papeles de Cesare Pavese que se pueden consultar en línea [Hyperpavese.com, FE.19.1] hay un cartapacio con algunos pareceres editoriales. Uno de ellos está fechado el 26 de febrero de 1947 y es desolador: se trata de un folio con pocas líneas espaciadas para ocupar casi toda la plana. Pavese reseña tres libros con estos comentarios a estudios sobre Haydn, Beethoven y Mozart: «Biografía noveladísima, no», «Biografía noveladísima, no», «Ya tenemos uno, no».

lo más fácil del mundo,[18] por lo que la práctica aconseja acercarse a ellos con prevención, tanto académica o teórica como literaria.[19] Las lecciones de un maestro de estética pueden ser de ayuda para no caer en la indefinición cuando se habla, se escribe o se edita.

> Tengo un incentivo para llevar a cabo este plan (el de contar «vidas, ricas de peripecias y contrastes»), y es cuánto me provocan las llamadas «biografías noveladas» deplorabilísimas que testimonian en nuestros días [...], a decir verdad, una cierta decadencia en la capacidad crítica, en la severidad ética y, también, en el buen gusto.

Son palabras de Benedetto Croce.[20] Al reseñar el yo de los demás, Croce se propuso «atenerse al más escrupuloso rigor documental y a la reconstrucción biográfica» y alejarse todo lo posible de las «fantasiosas ornamentaciones» de las biografías

18 Sobre lo difícil que es manejar «una versión disfrazada de los acontecimientos reales», piénsese en el *Cantar de Mio Cid,* que no es solo lo dicho, sino también «un poema épico que, por un lado, se basa en hechos históricos y, por otro, posee sus propios fines literarios», y para hacer una obra maestra, el *Cantar* «halla en la biografía de Rodrigo Díaz (la historia) un modelo explicativo de su propia sociedad (el presente). La fusión de ambos planos se opera sin suturas, porque el hecho real cobra junto a los ficticios su auténtico significado». Son palabras del omnisciente Alberto Montaner en *Cantar de Mio Cid,* Crítica (Biblioteca Clásica, 1), Barcelona, 1993, pp. 22 y 23.

19 Es lugar común que no es necesario reflexionar, solo recordar los peligros que avisa. *Cfr.* Ch. Lasch, *La cultura...* [1999:37-39]: «Hasta los mejores escritores confesionales transitan una línea tenue entre el autoanálisis y el egocentrismo [...]. La modalidad confesional sirve para que un escritor honesto [...] nos brinde un relato estremecedor de la desolación espiritual que aqueja a nuestra época, pero a la vez posibilita que autores perezosos se refocilen en "esa especie de confesión ostentosa que, en última instancia, oculta más de lo que admite"».

20 Citado por G. Manganelli, *Concupiscenza...* [2020:75-77]. Es una reseña a B. Croce, *Vite di avventure, di fede e di passione,* Adelphi, Milán, 1989.

noveladas, que son por lo general «insidiosas». Las fantasiosas ornamentaciones aparecen en las confesiones (incluso en las de Agustín de Hipona) e incluso cuando se escribe «del yo de los demás» como en algunos trabajos de tono «diarista» que estudió con bien Jordi Gracia. Es más que seguro que al profesor Gracia no le ha tocado leer los inéditos que me llevaron a reflexionar sobre la abundancia de este tipo de prosa, pero estos y los diarios que él ha estudiado comparten el «estado caviloso»:

> El territorio moral y literario de la mayor parte del dietarismo que se publica es antes el de la crónica y la reflexión poética, el de la opinión y el retal viajero y costumbrista que el de la intimidad sondeada hasta descubrir el desasosiego [Gracia 1997:43 y 47].

Viceversa: la cavilación de los libros ofrecidos como «autoficciosos» no llega hasta el fondo de lo que pretende llegar o de lo que, con un manual de teoría de la novela en la mano, debería llegar: hasta provocar el desasosiego, es decir, hasta convertirse en novela pura, la que enfrenta a un personaje con el mundo que el novelista ha creado para él.

> Los críticos de formación y convicción marxistas le daban vueltas a la cuestión del protagonista de la novela ya hacia 1920. Lukács y los comentaristas del famoso discurso que proclamó en la Academia soviética sostenían sin fisuras que la novela moderna es la epopeya de un hombre en lucha contra la sociedad, pero en ella inserto. Del mismo modo, si se tiene voluntad de darle la vuelta a las afirmaciones, algunas novelas pueden ser leídas adjudicando el protagonismo a la sociedad que está, o desea estar, en lucha con el individuo. Son novelas que podrían ejercer como hipótesis y ejercicio del sentimiento de culpa, como muestra de sociedades que tienen un conflicto con un tipo de

> personajes y que se abalanzan sobre él con todas sus contradicciones para provocar más contradicciones, que suelen promover el desconcierto; ejemplos podrían encontrarse en *La Regenta, El proceso* o *El castillo, La ciudad y los perros, Anatomía de un instante* o *Las correcciones* [Clavería 2020:25-26].

En muchos libros de prosa moderna, el autor —y su alargue el personaje— se detienen «cavilosos» antes de llegar al desasosiego de verdad, a la lucha que duele, y se quedan en un lirismo-onirismo trasnochado y cursi (Croce de nuevo). Creo haber detectado en la ficción-constatación del yo en los autores inéditos, además de la cursilería presente también en libros publicados, una dosis considerable de miedo. El miedo cobarde ante las exigencias de la literatura suele acabar camuflado bajo lo hinchado y lo ampuloso del estilo y, «por simple ósmosis», del yo.

En el reino del ungüento blanco, se puede sugerir que autoficción es diario sin efusividad (apenas crónica y poca reflexión, como sostiene Gracia) aliñado con asepsia maniatada con las reglas del miedo a hurgar. Lo de hurgar, a los genios ayuda y a los imperitos estorba, desconocedores estos de las posibilidades que da la novela sin apellidos.

Se podría pensar también que autoficción joven es diario al que se suele añadir efusividad incontenida que quiebra, con las armas de la nostalgia, las reglas de la realidad y hace que el sentimentalismo a tumba abierta rompa la ligazón de las peripecias; tras esto, uno tiene la sensación de haber leído una amalgama de sentimientos y verborrea parecida, claro, a las redacciones escolares. Una razón: cuando una vida tiene un interés limitado a ojos de los demás (porque es idéntica a la de todas las demás) y el ficcionario siente la necesidad de darle un sentido especial y para ello la hace literaria y obliga a que cosas inconexas se tengan que relacionar por fuerza en un tejido tupido, puede caer en el *horror uacui.* Asustados ante la idea de descubrir el vacío, los remitentes y las remitentes llenan una vida vana con miles de palabras que la vacían aún más y consiguen hacer horrorosa la vida, gratuitas las peripecias e ilegible el texto. La actitud contraria —la que hace al ficcionario un ser disperso entre el yo y el vosotros— nos lo presenta como practicante de un defecto literario aún mayor: el *horror concreti* que consiste en irse por las ramas de un árbol sin apenas tronco para añadir hojas pegadas con cola rápida y crear un conjunto de papel maché arrugado con detalles irrelevantes. Lo explicó mejor un escritor conflictivo e irónico:

> Es cierto, en la literatura-como-la-vida-misma se sabe que quien lleva una vida de duelo quiere, generalmente, una literatura de duelo. Del mismo modo, parece demostrado que quien lleva una vida de m[ierda] exige una literatura de m[ierda]... Se ofenden si sospechan un poco de ironía para sacarles un poco del horror de su condición. La vulgaridad va bien, porque la m[ierda]... es hasta cómica, es decir, es consoladora y hace reír. Y el sufrimiento, miel sobre hojuelas [*grasso che cola*], como dicen las personas finas. Pero ¿y el sentido del humor? ¡Nunca! ¿La ligereza? ¡Ni se te ocurra! El consumidor prefiere el maltrato de los desahuciados [*poveretti*], paga por las desventuras, y se enfada mucho si alguien pretende divertirse con la literatura [...] porque la literatura debe suscitar desplacer, del mismo modo que la lista de los libros más vendidos debe indicar no los restaurantes donde se come bien, sino los que sirven más platos [...]. La literatura como vida de m[ierda] de masas prescribe y agradece la narrativa del «os cuento mis desgracias y las persecuciones y las amarguras, y como sois buena gente os recuerdo todos mis problemas infantiles y las desgracias de la pobre tía». Así, el que narra más desgracias acaba premiado

como hada piadosa, no como gafe tan potente que invita a tocarse las partes [el masculino gesto italiano que sirve para alejar el mal fario] [Arbasino 1993:44-45].

Alguna crítica más, y más severa,[21] ha debido de recibir el género si en una monografía resultante de un congreso académico, el *marketing* de la editorial insiste en su descargo en que el simposio de profesores y el libro titulado *Autofiction(s)* se hicieron «para defender e ilustrar un género a menudo criticado apresuradamente» [Burguelin 2010].

De la larga queja de Arbasino me interesa extraer un síntoma: el que anuncia el «síndrome Calimero». La queja continua de un personaje inventado (como inventados son Raskólnikov y los personajes de *La fea burguesía,* aunque los reconoceremos apenas salgamos a la calle) tiene una función literaria que no tiene la queja continua de una persona real que vuelca con *horror uacui* y con interés sincero unas preocupaciones que, en el mejor de los casos y en primer término, los lectores pueden interpretar como terapéutico. Matizaré ahora por boca ajena y autorizada la cuestión de que la medicina de la prosa del yo suministrada para enamorar y curar los defectos y las preocupaciones pudo llegar a estropear la enfermedad y la tristeza que nacía de la vanidad, del narcisismo, de la pequeña duda interior frente al enorme macrocosmos.

Las Confesiones de Agustín de Hipona es una autobiografía antigua (*memoir* en la lengua dominante) que comparte con la moderna prosa del yo el relato de unos actos, por lo

21 A propósito de hibridación necesitada de actos de fe y de la confiada sinceridad cuando se habla de autoficción, véase M. Darrieusecq [1996:377]: «*L'autofiction demande à être crue et demande à être non crue*».

general tormentosos, y la relación que tienen con la sociedad a la que se aspira llegar tras la redención de los pecados. Sí, Agustín escribe el libro porque quiere dejar constancia de un progreso personal, de cómo se insertó en una sociedad diferente tras una vida de errores o pecados; en esta parroquia no conviene olvidar la importancia del «propósito de enmienda», algo muy difícil de tratar en una novela, véanse los problemas de Anna Karenina. Por regla general, la sociedad tiene un papel protagonista cuando se trata de relatar el tormento, el error, el pecado, el recuerdo, pero queda relegada a casi nada cuando el protagonista alcanza la redención de los pecados (o de los hechos) gracias a fuerza de voluntad o de creatividad. El esquema que propone Mendelsohn [2010:260] es claro y ha triunfado en la tradición del yo escrito: muchos autores han utilizado la «parábola que va de la extrema abyección a la imprevisible redención» a través de un viaje invisible que lleva a la «salvación espiritual, no material». Desde entonces, la voluntad de dejar constancia de la lucha interior o espiritual ha llevado a infinidad de autores a probar todas las artes literarias que se pudieran adaptar al «deseo perverso de exhibir credenciales de gran pecador», deseo que ha desembocado en los relatos de abyección personal que nos inundan hoy. Los autores y las autoras «a disgusto consigo» han inundado la prosa con las aguas del «pobrecito de mí» o «síndrome Calimero». Si recuerdo las famosas quejas del pollito negro es porque a la historia de los dibujos animados ha pasado como imagen del personaje marginado y maltratado, del *«dispiaciuto da se stesso»* calvinista. Sin embargo, en la «primera redacción del personaje» Calimero, la mancha que lo hacía singular llevaba en sí la capacidad de salvación, como en las autobiografías espirituales o en las novelas confesionales: Calimero era el muñeco que servía para anunciar un detergente capaz de lavarle el plumaje y dejarlo escoscado e integrado, animal dulce que una vez puesto en el mundo que desea no puede seguir con la cantilena «es una injusticia». La literatura como detergente ha acabado por contaminar las aguas desbordadas de yo. Gass se hacía eco en 1994 de que «la preocupación por los problemas personales, una preocupación bien extraña» [*self-absorption*] era la gran cuestión de la edad del narcisismo. Ironizaba mediante una descripción científica de la *self-absorption:* la de un papel secante que acabara saturado de su *own absorbency* y desapareciera como un Gato de Cheshire. Para absorber el tsunami provocado por la autobiografía, proponía darle rango de disciplina dificilísima, exigente y capaz de sobrepasar los límites naturales y literarios del yo para construir algo verdaderamente importante para la historia. De este modo, no se necesitan secantes para enjugar el tsunami, basta con dejar que fluyan solo olas consistentes y con algo interesante que arrastrar: todo lo demás es un pequeño rasguño en la lápida del cementerio: «La futilidad es el espíritu que preside los funerales».

> La biografía, la escritura de una vida, es una rama de la historia. Requiere mucho trabajo y, por lo tanto, cuando se emprende un trabajo de este tipo, se esperaría que el tema tuviera alguna importancia para la historia en su conjunto. [...] La ficción y la historia son disciplinas diferentes, y ninguna concede licencias a incompetentes, oportunistas o charlatanes.

Mujeres inteligentes han sabido desde siempre qué conviene hacer para que disciplinas diferentes tengan una función compleja y vayan más allá de la función de papel absorbente que tiene la página (o la pantalla) en blanco:

> Así que me apropié del «yo», con el miedo de caer en un narcisismo de mal gusto o de derivar hacia un relato de mí misma. Para no ceder a la «ilusión biográfica» de la que habla Bourdieu, introduje ese «yo» en los diferentes contextos que atravesé, para intentar mostrar qué aspectos y tonalidades adoptaba cada vez. Ese «yo» solo podía darse en la relación con los demás; las instituciones, los grupos y los variados y múltiples colectivos lo moldeaban y pulían. No es por tanto un «yo» de identidad, sino un «yo» socializado. Al escribir «yo», contra todo pronóstico, me di cuenta de que me rebelaba contra mi padre. [...]. He conseguido decir «yo», pero sin individualizarlo, porque tus escritos [los de Annie Ernaux] me habían avisado. Tus críticas lo dicen, pero creo que tú también lo dices: a partir del momento en que despersonalizas, en que dices «ella», en tercera persona, llegas a lo universal. Con el «yo», temía presentar un caso individual, sin alcance más general [Ernaux y Lagrave 2024:55-56].

El padre, el rebelarse contra el padre de Ernaux, pasarle cuentas, tirarlo del pedestal es un motivo recurrente en las novelas del yo y aparecerá con frecuencia en las páginas siguientes. No es un tema moderno, no es solo un modo de rumiar posterior a Freud, fue síntoma de la locura del escritor que no se sabía si componía versos porque *minxerit in patrios cineres* o porque había cumplido sacrilegios semejantes. «Mearse en las cenizas del padre» era para Horacio el máximo de los gestos sacrílegos que podían cumplir los poetas locos que por mor de reconocimiento podían llegar a desear una muerte renombrada *(famosa mors)* para sí o para los personajes.[22] La insistencia en escribir para contar el sacrilegio paterno es conocida: el poeta loco *(vesanus),* cuando consigue salir de la

22 Leer a Patricio Pron es siempre estimulante: *El espíritu de mis padres sigue subiendo en la lluvia,* Anagrama, Barcelona, 2024.

jaula y agarra a un lector, lo suelta únicamente cuando, como las sanguijuelas, se ha «recargado» del todo *(plena)* de sangre [*Arte poética,* 468-475].

§ II.1. Hablarle a un escritor

Por lo que parece, no solo Calvino se negaba a aceptar en Einaudi —han pasado setenta años— libros que le presentaban como «novelas autobiográficas camufladas, pero autobiográficas en el fondo». Quienes hayan leído *Los libros de los otros* verán que es difícil considerar apresuradas las críticas de Calvino; solían ser profundas y circunstanciadas. Si las críticas al «género» llegaban y llegan *«souvent»,* podemos adivinar que alguna razón habría y habrá. Como el episodio de la autoficción camuflada en Einaudi es de 1954, como no es académico, sino que trasuda *pathos* personal y es muy anterior a la fecha clave para la definición moderna, francesa y desnuda (1977), me detendré en él.

Raul Lunardi presentó en 1951 un original en Einaudi. El libro se publicó en 1952 en la colección «I gettoni» y acabó por agotarse: *Diario di un soldato semplice.* La correspondencia entre Lunardi y los responsables de Einaudi y de la colección «I gettoni» (Calvino y Elio Vittorini) es abundante y está bien documentada.[23]

A Vittorini le gustaba cómo escribía Lunardi; a Calvino, no, y este advirtió al autor a las primeras de cambio. Le aconsejó que tuviera «cuidado con la sobrecarga patética que contamina y hace verbosas algunas páginas».[24] La sobrecarga tenía el origen tanto en el abuso del yo como en el modo de

23 *Storia dei «gettoni»* [2007:413-476].
24 *Ibidem,* 415.

explicarlo. En 1952, Lunardi se curó en salud y le anunció a Calvino que trabajaba en una «novela autobiográfica camuflada, pero que no deja de tener un fondo biográfico». Comunicó asimismo que pretendía dedicarse a la actividad creativa como «narrador», aunque la «materia autobiográfica es la única que tengo y la que más cerca siento». Lunardi publicó un relato más con Einaudi, solo uno, y gracias a Vittorini. Las novelas que sometió al juicio de Calvino no se publicaron hasta mucho más tarde, en 1993 y en 2000, y por otros caminos menos transitados.

En opinión de Calvino, Lunardi cayó siempre en los peligros más habituales del género autobiográfico entendido como «yo híbrido», los peligros que atañen al estilo impostado de la prosa y a la ridiculez de la materia:

> Por lo que respecta al estilo, me parece que te has abandonado a una especie de escritura automática, en la que has metido las expresiones más torrenciales, retóricas o en desuso, que te aparecían por la cabeza, sin atención a las veces que te repites, a la agramaticalidad, a la ingenuidad y a recargamientos extremos [...]. No creo que sea solo una cuestión de estilo, creo que el asunto del relato es falso y que no pueda expresarse más que con un lenguaje prestado y pobre, vomitado sin haberlo reflexionado [...], es un ejemplo de cómo «no debes» escribir.[25]

De la lectura de las cartas se deduce que Calvino no abandonó el tono educativo y no dejó de decirle a Lunardi que fuera con cuidado, que el relleno verboso es peligroso cuando se habla del yo. Uno puede conocerse y ser severo con cómo es, sincero con cómo quiere mostrarse (imparcial en la parte

25 I. Calvino, *I libri degli altri* [2022:136-137]; en *Los libros de los otros* [2014:92-94]. Carta del 6 de octubre de 1954 a Raul Lunardi.

autobiográfica), pero si la acción en la que coloca la sinceridad huele a falso, el libro se desmorona y la sinceridad se tambalea y provoca dudas en el lector porque tampoco observa sinceridad expresiva. Lunardi podría tener la vida más fascinante del mundo, pero si se «abandonaba al dannunzianismo más provinciano» y todo era retórico, hinchado y rancio, el alcance de la literatura no pasaba de ser provincial. Escapar de los dos peligros citados y casarlos era ya difícil en el siglo XVI, es decir, era un peligro que venía de lejos y sobre el que los especialistas ya avisaban. Véase:

> No hay nada tan difícil y espinoso [...] como escribir algo sobre uno mismo y asentar en documento las acciones y empresas de la propia vida. Porque si alabas o criticas tu persona y tus cosas, si las exageras o disminuyes, nadie ignora que todo esto te perjudicará a ti por escribirlo y tal vez a otros. Muy pocos, por consiguiente, se atrevieron a semejante tarea y los más de ellos, que yo sepa, se tomaron desde luego muchísimas licencias, como si estuvieran haciendo otra cosa.

No, no es Calvino el que habla, es Gerolamo Cardano.[26] Lo he sacado a colación porque este fragmento de 1557 publicado en *Mis libros* nos acerca a bases asentadas en los géneros que aquí se tratan desde antes de que estos tuvieran nombre. La frase fundamental del fragmento es ahora «se tomaron desde luego

26 G. Cardano [2002:57]. Y pone el ejemplo, entre otros, de un texto de Cicerón *(De consulatu)* que le criticó Quintiliano (*Instituciones,* II.I.24). Cardano cita también a san Jerónimo, *De viris illustribus,* y *Las Confesiones* de san Agustín. Cita a Erasmo, sin especificar, pero quiero adivinar que se refiere al *Catalogus omnium Erasmi Roterodami lucubrationum ipso autore* (Basilea, 1524). Nota de erudición de pacotilla: recuérdese que los forofos del género consideran la redacción del capitán Alonso de Contreras una biografía premoderna; otros la llaman «memorial de méritos», como corresponde a quien necesita ser «augur de los semblantes del privado».

muchísimas licencias, como si estuvieran haciendo otra cosa». Calvino le echó en cara muchas veces a sus autores que no se supiera muy bien qué pretendían o a dónde querían llegar y con qué medios, como si estuvieran convencidos de que habían hecho una novela cuando el lector interpretaba que se trataba de «otra cosa». A eso me refiero: los remitentes nos mandaban a la editorial una sedicente novela, pero era otra cosa.

Poco antes de que Lunardi reconociera los límites entre los que lo reducía la expresión lírica del yo («es el único modo de narrar que tengo»), Calvino intentó explicarle a Raffaello Brignetti los riesgos que corría si supeditaba todo al yo. Brignetti había mezclado planos —el yo y el él, narradores presentes y ausentes—, psicologías, gentes y personajes hasta dejar un caldo desleído. El autor cosmicómico conminó a Brignetti a quitar lo superfluo, el lirismo de cuatro chavos y, sobre todo, «el mundo psicológico de ese papanatas de protagonista». No se trataba de remozarlo, sino de hacerlo desaparecer. No es necesario que el protagonista tenga ojos y cara y que se puedan aplicar a alguien reconocible; tampoco importa que sea anónimo. Lo importante, resume Calvino, es que el personaje se guarde en los adentros los recuerdos porque, si lo hace y los tiene controlados, la novela fluirá por los cauces por los que deben fluir las novelas. Sucede que el libro de Brignetti tiene una estructura sólida y el narrador tiene precisión y oficio, pero todo eso lo lastran y desmoronan los recuerdos excesivos. Para evitar el lirismo trasnochado y barato, el autor debe ponerse a «trabajar armado con sagrada ferocidad contra sí mismo y con un amor sagrado por su obra».[27] Imagino que

27 I. Calvino, *I libri…* [2022:280-281]; en *Los libros…* [2014:172-173]; carta del 13 de enero de 1959. El libro de Brignetti era *La riva di Charleston,* Einaudi, Turín, 1960.

lo de pretender que el protagonista se guarde los recuerdos es algo que no se le puede decir a Proust, pero no olvidemos que Proust no se limita a recordar un mundo, sino que tiene aliento suficiente para crear uno nuevo, un sistema solar nuevo, una galaxia nueva..., un tiempo y un espacio nuevos (que el autor demuestra ser idénticos a los ya existentes si se les quita la pátina literaria). Con todo, es sabido que no lo consiguió a la primera, pues exagerar el yo en la época de la inexperiencia [Scurati 2003 y 2016] hace que chirríe algo que no se sabe muy bien qué es, pero que el tiempo y la experiencia (vital, no televisiva) ponen en su sitio; véase más adelante la justificación que hace Bayard del adecuado progreso como narrador que hizo Proust.

En definitiva, para Calvino, el meter con calzador desvaríos en las peripecias y en los aliños psicológicos, un yo disfrazado de personaje incapaz de alejarse de sí mismo, no hace sino resquebrajar «la competencia minuciosa al hablar». Lunardi lo aceptó en 1961, tras diez años de correspondencia con los editores:

> Todavía no sé salir de esta manera de narrar en primera persona. Sin embargo, me parece que el lirismo y el autobiografismo (la excesiva participación sentimental) hayan casi desaparecido y se trate, por el contrario, de una primera persona también ella completamente objetivizada.

Visto lo visto, lo de andar a vueltas con el yo en la prosa no es solo un problema de nominalismo académico o de negación de la existencia objetiva de los universales; se trata también de analizar si hay indefinición en el escritor, un defecto que no resolverán congresos ni taxónomos. Si conocemos las razones y las consecuencias del defecto, veamos el modo de corregirlo y si los consejos de críticos asentados pueden ayudar. Desde Erasmo hasta Calvino y Mendelsohn hacer literatura se basa en saber sortear el principal peligro que tiene la escritura: abandonarse a lo fácil, a lo que se tiene más a mano. La dejadez y el engancharse a lo fácil llevan a expresarse sin precisión y sin cuidado y deja como poso una prosa confusa, que no quiere decir complicada por estar muy elaborada, sino por no estarlo en absoluto. Es necesario buscar la precisión, desconfiar del yo porque es agobiante, cercano y omnipresente, y es más importante aún buscar la «fluidez», que consiste en «hablar de lo que se conoce con la precisión de lo que se conoce bien y con la frescura, distancia e ironía que se necesitan para describir lo que se imagina». Calvino ponía como ejemplo literario la claridad expresiva de los cuentos populares, que son la historia de todos, un yo general, pero la literatura nos la presenta desnuda de ampulosidad (ni hinchada ni redundante).

§ III. Ojo con el punto de vista

Una razón por la que no es obligatorio volver a explicar todos los rasgos teórico-académicos de la autoficción es fácil de demostrar: cualquier buscador bibliográfico de cualquier universidad con un centro para el estudio y la investigación (prueben con crai.ub.edu) bien organizado les listará miles de trabajos centrados en la autoficción, la *autofinzione,* la *autofiction* (inglesa y francesa) y allí podrán encontrar el enorme elenco de Padres de la Iglesia Autoficcional y de sus comentaristas; dicho de otro modo: ya está hecho, abundantemente. Conocer al dedillo la bibliografía al completo me resulta ya imposible por razones de calendario. No quiere decir que para escribir este libro no la haya visitado, desbrozado, analizado, estudiado, desechado y, espero, aprendido. Dicho así, parece que le pida al lector un acto de fe, que crea en algo que no ha visto: el corpus de novelas que he leído, el corpus de ensayos que he consultado, los años de escondido trabajo editorial. La lectora puede pensar que me dispongo a ofrecerle un «ficcioensayo»; bueno, un ensayo, un libro crítico es eso, es coger un corpus de datos, provocar una *krísis* —en la acepción «griega» del término—, intentar romper algo y luego recomponerlo de otra manera para llegar al «juicio» tras el «examen» y tras haber recibido la complicidad del lector, que se fía del corpus analizado «por la ensayista o el ensayista».[28]

Otra razón es que el debate teórico-académico podría resumirse en algo tan básico como: no se lance usted a la escritura literaria sin antes conocer de pe a pa algunos de los pilares fundamentales del género en el que quiere despuntar. Para lo que nos ocupa, el pilar básico es dominar la cuestión del «punto de vista de la novela [picaresca o no picaresca]», pues «nadie» que tenga vocación de escritor debería «ignora[r] por lo menos el abecé de la técnica». Así, parecería ridículo dudar de que futuros escritores no conozcan los principios fundamentales de la literatura. Desde 1580, los principios fundamentales de la literatura consisten en pasear

28 Una curiosidad léxica que corrobora que dejar nombres en desuso puede causar que queden en desuso también las acciones (o viceversa): en el segundo tomo del *Diccionario* publicado por la Real Academia Española de la Lengua en 1729, el llamado «de Autoridades», la «crisis» tiene una única acepción: «Juicio que se hace sobre alguna cosa, en fuerza de lo que se ha observado y reconocido en ella. Es voz en su origen griega…». En la vigesimotercera edición del *Diccionario* publicado por la RAE y la ASALE en 2014, llamada «del Tricentenario», la actualización en línea de 2021 relega la acepción de 1729 al último lugar (el séptimo de la lista) y escribe: «f. desus. Examen y juicio que se hace de algo después de haberlo examinado cuidadosamente». Los estudiosos del griego afirman que, vista así, la crisis (κρίσις) debería tener algo que ver con la crítica (de κρίνω), que tras un recorrido por la etimología popular podría haber dado «separar el grano de la paja», actividad que no debería caer en desuso.

> por el mundo contemporáneo una mirada narrativa perspicaz sobre ambientes, personajes, situaciones, o comunicar con eficacia y en una trama elaborada el placer de reconstruir la realidad habitual como fruto de la invención. Pocos anticiparon más dimensiones de la futura novela realista. En particular, para darse a sí mismo y dar al lector una pauta de referencia, [el autor] precisa todavía de una primera persona ficticia que controle la verosimilitud de cuanto abarca el espacio novelesco filtrándolo por la coherencia de un único punto de vista. No obstante, cuando en las páginas introductorias deja bien claro que la vida del pícaro es pura imaginación suya, y a la vez enuncia la premisa para leer la primera parte de acuerdo con una puntillosa exigencia de verosimilitud, la soltura de tal proceder es un adecuado indicio de que da por hecho que el tipo de novela que ofrece al lector tiene una entidad propia, un estatuto reconocible dentro de la institución literaria, y no necesita otras justificaciones: la ficción realista se defiende ya por sí misma en tanto ficción [Rico 2000:174-175].

Sería aconsejable que los autores y las autoras, cuando llegan a las alturas de presentar una novela a una editorial, demostraran dominar de sobras la cartilla de primero de novelista, de la que se conocen miles de ejemplos, además del apenas citado y extraído del oficio de Mateo Alemán. Saberse el abecé según la cartilla citada sirve para definir la dimensión precisa que debe tener lo «auto» cuando se inserta en lo «ficticio». En muchos casos, los autores se vanagloriaban de desconocer los rudimentos teóricos porque habían ido a escuelas de creación de prosa literaria y la práctica dejaba en nada la base teórica, y hasta los rudimentos de gramática: «No sé a qué te refieres con eso del narrador omnisciente»,[29]

29 Desconocer cómo funciona el mecanismo del narrador omnisciente hace más arduo entender que hay una manera infalible de provocar sorpresa o

«no sé por qué te molesta tanto que ponga demostrativos en lugar de artículos, yo escribo así». Desconocer qué supone un narrador omnisciente (en la novela realista) significa que se pueda llegar a convertir en apócrifo algo que en realidad no lo es: el yo patente, que se arriesga a perder el ser cuando se convierte en pretendidamente omnisciente de sí mismo y cae en la presunción de llenar una realidad solo a medias interesante para muchos.

> Porque el *Lazarillo* [...] escrito en una primera persona que a la postre debemos identificar como falsa, no es un libro anónimo, sino apócrifo —o, con más pedantería, pseudoepígrafo—. Pero ¿acaso no cabría decir otro tanto de toda la novela realista? La gran quimera del narrador omnisciente, sin ir más lejos, ¿no la convierte en escritura apócrifa por principio? [Rico 2000:181].

Los jóvenes enviaban repetidamente a la editorial prosa del yo que nacía de «la necesidad de expresarme más abiertamente», de compartir «el deseo de contar un sentimiento universal que me oprime», de desempolvar a) «un yo que conmoverá a todos los que desean encontrar un mundo en el que vivir», b) «una historia conmovedora que engarza mi infancia con el futuro de todos nosotros», c) «un pasado personal expresado con la voz conmovedora de toda una generación».

¿Cuánto hace que dura el debate de si el novelista debe utilizar la tercera persona y el pasado indefinido (novela omnisciente) o si debe involucrar un yo y un nosotros actuales? Quisquillas académicas son, pero desconocer el debate es desconocer el artilugio literario que permite salir, con gallardía,

contraste entre lo que espera el lector y lo que quiere el narrador que suceda. Véase C. Segre, *Principios...* [1985:57] para la «personalización del narrador».

del «mi mamá me mima», para no acabar conjugando el «yo me mi-mo» que alarmaba a la profesora Caballé.

Para lo que nos ocupa, desde 1970, el abecé literario se resume en saber manejar el «escamoteo del observador en beneficio de lo observado [y] el paradójico destino de esa *maniera* narrativa, de *l'école du regard* a la monocular escuela del cocido madrileño» [Rico 2000:9-10]. El axioma de Rico merece atención si seguía vigente en 2010 y Mendelsohn afirmaba categóricamente que la «incapacidad de los autores y de los lectores para distinguir entre su verdad subjetiva y la verdad objetiva no es una novedad de la literatura moderna, sino que tiene raíces en el período en que adoptaron la forma moderna el *memoir* y la novela». El arco temporal que va de 1970 a 2010 es importante en la crítica literaria si, en el tiempo transcurrido, el debate entre lo subjetivo y lo objetivo —el sujeto y el objeto— no ha quedado zanjado y la aparición de estudios sobre el narcisismo, que es tendencia tanto en las biografías como en las novelas del yo, han demostrado que el «*self* imperial, egomaníaco y decorador de experiencias regresa a la condición de un Yo grandioso y narcisista, infantil y vacío [y crea un agujero negro y húmedo] donde todo acaba por alojarse» [Lasch 1999:31]. Por «agujero negro y húmedo» puede entenderse cualquier obra en la que el creador esté convencido de haber dejado una huella de gran valor artístico, aunque en el fondo el lector vea la aparición del yo —sea en forma de confesión o de novela— como una estratagema para quitarse un peso de encima porque el papá de la protagonista no la llevaba a pescar al lago.

En suma: el escritor y la escritora noveles no acostumbraban a ser claros con el editor a la hora de decir si tenían algo nuevo que contar o si estaban pasando cuentas con el yo y con el vosotros; además, tampoco quedaba claro si sabían contarlo bien porque no quedaba claro si sabían de qué lado debían estar, si debían estar en el lado de la vanidad inevitable en el observador sereno, en el de la necesidad de expresarse acerca de un objeto o, por último, debían ser la piel del objeto.

En las obras en que se deja claro que se trata de «mi primera novela», es habitual adivinar que a los autores les cuesta saber en qué consiste «escamotear el yo» para que lo dicho no quede en una confesión intercambiable con lo más blando del género conocido como «querido diario» y que suele contener frases como: «Hoy, la Juani me ha dicho cosas que desconsolarían al amante más insistente» o «llego hoy a Madrid en una tarde en la que el tráfico convierte el desierto de asfalto en un pueblo de La Mancha devorando el crepúsculo la luz al ritmo al que el progreso anula a sus propios habitantes» o «veo la foto. En el sofá. Mis manos en mis muslos. Lluvia. Ni poca ni mucha. La lluvia de mi infancia, el pelo mojado, la risa con Loredana pensando en la regañina de mamá, papá observando…».

En otras palabras, aplicables a qué supone confundir géneros: cuando el lirismo del yo no es capaz de dejar paso, sin lamentarse, a la *maniera* del objeto, a la narrativa, el lector editorial puede tener la sensación de que lo obligan a ir con mucho cuidado. La razón es que quizá tenga que enfrentarse al «tonto solemne», al lírico miedoso convertido en épico guerrero de mesa camilla, en un soñador ante una ventana con visillos de encaje. Si sabemos que en el territorio prosístico del tonto solemne ronronea el yo lírico,[30] como lector

30 La expresión es de N. Parra, *Versos de salón*, en J. Olivio Jiménez, *Antología de la poesía hispanoamericana contemporánea 1914-1987*, Alianza Editorial, Madrid, 2000. El poema se titula Montaña rusa.

me da pavor que el tonto se lance al mundo de la realidad, del objeto, y que le venga objetivamente grande.

Algunos autores mienten, pues, en lo biográfico; es decir, proponen una vida cuando en realidad se trataba de un fragmento apuntalado con una ficción de plástico, frágil. Otros mienten porque proponen algo que creen real, aunque sean incapaces de dar profundidad a la angustia y se ahoguen en un vaso de agua ilusorio porque confunden los sueños (de grandeza o de miseria) con la ficción. Y no, por muy experimentalistas que nos queramos poner, un sujeto es un sujeto y un objeto es un objeto, un anhelo es un anhelo y una ficción literaria es una ficción literaria. Aquel se puede cumplir o no, pero la ficción literaria llevada al papel es algo cumplido, escrito, tangible, pensable, ocurrido, *per-fectus* por haber sido elaborado. Y la elaboración aleja la novela de la prosa del yo reducida a apuntes tomados a la ligera en un cuaderno ricamente encuadernado.

Es fácil mezclar hasta confundirlos lo escrito y la vida. Lo uno y la otra, y a veces el combinado ofrecido al lector, pueden ser resultado de pragmatismo o de un estado contemplativo. El escritor y la escritora del yo deberían dejar rastro de lo vivido y no confundir el tiempo pasado con el tiempo vivido *(tempus actum)* si quieren que primero la vida y luego la escritura se sientan llenas de algo que no se pueda reducir a simple ejercicio de nostalgia selectiva, por mucho que esta sea uno de los géneros editoriales (no solo literarios) más de moda. «Cuando recordamos una vida debemos acordarnos de recordar la vida vivida, no la vida recordada» porque el *tempus actum* es infinitamente más complejo, y con frecuencia peor, que la vida recordada y puede llegar a manchar las manos de sangre o de cosas incluso peores e influir en el número de ejemplares vendidos.

> Es saludable, incluso deseable, mezclar géneros para escapar de los límites de las convenciones ya en desuso, o romper moldes para crear nuevas formas; pero añadir ficción a la historia a propósito (en lugar de equivocarse sin darse cuenta) solo puede responder a la necesidad de evitar el objetivo, la verdad, bien porque uno quiere mentir o piensa que mentir ya no importa y la falta de precisión se ha convertido en virtud, o porque uno desprecia la escrupulosidad por considerarla un esfuerzo inútil, una preocupación prescindible, pues todo está corrompido, o porque una vida agitada se venderá mejor que una sosegada y, entonces, ¡decorémosla un poco! O, por último, porque piensa que la expresión «¿qué es la verdad?» es solo la pregunta retórica y sardónica que precede regularmente al ritual «yo me lavo las manos» [Gass 1994].

En la literatura etiquetada con fórmulas académico-publicitarias, por mucho que el autor remita a la globalización de los sentimientos y se ampare en el triunfo de una corriente, si la expresión del tránsito intestinal no va más allá de la que produce el «cocido madrileño», los resultados serán una prosa dispéptica. Aparecen por doquier libros catalogados por el autor (si son inéditos) o por las editoriales (si se han de vender mucho) con una etiqueta que no dudo en llamar publicitaria,[31] como si el hecho de hablar de autoficción fuera a abrirme el apetito lector. Si le doy la vuelta a la autopublicidad presente en los correos electrónicos que ofrecen inéditos

31 He aquí una muestra de etiqueta publicitaria enganchada en algunos correos electrónicos: «Hola! Les mando mi primera novela por si fuera de su interés. Es una autoficción en la que cuento mis años en el paro después de que naciera mi hija y antes de que me contrataran como [...] y consiguiera realizar mis sueños, siendo el principal esta novela. Mis modelos literarios son Bolaño, Umberto Eco y Stefan Zweig [...]. Creo que el hecho de que tengo miles de seguidores en redes sociales hará que se comercialice bien».

—o en las cuartas de cubierta—, creo que la marca autoficción sirve para apoyar algo de cuya sustancia se duda. Abusar del término autoficción para que el editor se fije en la propuesta editorial tiene las mismas consecuencias que abusar de las expresiones «prosa cautivadora», «piedra angular de la literatura», «la novela más lograda de la autora», «se lee de un tirón y te cuesta mantener la respiración [*sic*]» en las cuartas de cubierta de los libros: el lector despierto piensa que tiene más de lo mismo en las manos.

Tener más de lo mismo en las manos significa leer obras de autores que se aferraron al género que tenían más a mano, quizá porque lo creyeron adecuado a sus intereses literarios, quizá porque lo creyeron el más de moda (el más fácil de colocar) y el más sencillo de manejar (por eso lo utilizaron). Los tópicos y las plantillas se utilizan para no salirse de los límites de lo marcado y para apuntalar pocas capacidades inventoras. En lo híbrido, en el ovillo en el pajar —en lo fácilmente reconocible por todos— es fácil camuflar lo informe, lo deshilado, lo confuso y lo manido. La prosa sometida a definiciones suele ser «literatura estarcida» en la que la plantilla atenaza más que guía.

Cuando el narrador inexperto se apoya en la llamada «lírica del yo» y la utiliza como plantilla para estarcir, el yo de la autoficción puede caer fácilmente en lo no verosímil si copia actitudes de lo místico, pues a lo contemplativo le suele bastar con un acto de fe para tener valor canónico. ¿Quiere decir que el autor que se presenta como narrador-protagonista y nos ofrece una mezcla poco verosímil nos está pidiendo un acto de fe?, ¿que nos entreguemos a él ciegamente porque es uno de los nuestros y quiere nuestra comprensión? Es más que probable, pero la literatura clásica nos exigía algo más: incomprensión y duda (¿qué hace Alonso Quijano por esos mundos de Dios?) o rebelión (¿por qué no le dejan hacer a

Antígona lo que quiere?). Incluso los retales de vida exigían algo más que un acto de fe por parte del lector cuando a los objetivos que se había marcado el autor les faltaba claridad y les sobraba premura. Ni siquiera Proust, a juicio de Bayard, consiguió librarse de los peligros que conlleva no saberse salir de la guía cuando no se tiene conciencia de practicar un género híbrido. La explicación de Bayard es iluminadora porque es inteligente y desmenuza a un autor asentado en el olimpo. En *Comment améliorer les œuvres ratées?* estudia una obra juvenil de Proust, *Jean Santeuil,* un relato en tercera persona y *«présenté comme une fiction découverte par un premier narrateur».* Se narran los años y amores adolescentes del protagonista, las relaciones que tiene con los profesores, las vacaciones, las visitas al predio familiar.

Bayard afirma que si indaga un poco más podrá catalogar las aventuras de Santeuil como un «aburrimiento abismal» o *ennui profond.* Sin embargo, no tiene dudas a la hora de decir que se trata de una obra fallida, y se pregunta:

> ¿Deberíamos atribuir el fracaso a que la obra, que se presenta como una novela, también ofrece los elementos demasiado obvios —y mal sublimados— de la autobiografía? ¿O verlo como el resultado de ingenuidad estilística? ¿O atribuirlo a una trama demasiado sumaria? De hecho, es difícil identificar con precisión lo que no acaba de cuadrar en *Jean Santeuil,* donde nada funciona realmente sin que sea fácil decir por qué.

El caso de Proust es excepcional porque al tratarse la suya de una obra en marcha dentro de una vida en marcha, cuando años después el autor encuentre «soluciones personales al problema estético», esto le permitirá identificar cuáles eran los errores anteriores. El caso de Proust es doblemente excepcional no solo porque cuando cree una obra maestra desvelará cuáles son los errores que cometerá quien solo frecuente los rudimentos literarios y los géneros híbridos, sino porque es capaz de encontrar respuestas brillantes a las preguntas que una vez respondió mal. Cuando se encuentre «ante dificultades idénticas a las de *Jean Santeuil,* inventará respuestas originales que le permitirán resolverlas con personalidad, ser él mismo. Habrá logrado crear su propio género y, además, no tendrá sucesores» [Bayard 2000:29].

Para que aprender del abecé de los géneros literarios pueda dar resultados, cuando se trata de prosa literaria con voluntad de estilo, es aconsejable pasarse por la historia de la literatura y pasearse por las variantes de la categoría novela. La voluntad de estilo no es garantía de sacar buena nota, pero cerciorarse —gracias a la teoría— de lo difícil que es manejarse en la práctica de los géneros híbridos ayuda a saber que conseguir el éxito en cierta variante de novela o de género empresarial no es sinónimo de merecer el carné de escritores.

A la luz de éxitos extranjeros y mexicanos en los que los protagonistas no se están quietos un instante, han aflorado libros con prosa del yo etiquetados como si fueran una *road-movie* de las que dejan a la lectora *à bout de soufflé* porque el protagonista no está quieto un segundo, aunque no se sepa muy bien a dónde quiere llegar. El problema es que un anciano se mueve con más agilidad y llega más lejos que los protagonistas del sedicente *road-book,* que van en furgoneta, pero no miran la carretera, sino el ombligo; es decir, es como si estuvieran en el salón de casa dándole vueltas al yo sin hacer caso de la cordillera rocosa. Las prosas del yo, como suele ser habitual en los jóvenes, tienen más el escopo de presumir que de informar. Muchas de ellas parecen el desafío que hay tras la frase «¡tú no sabes quién soy yo!». A medida que leo y se me agota la paciencia, acuño el contrataque: «Visto lo que ha escrito, creo que usted tampoco sabe quién es usted». Y no me siento incómodo con la acuñación si compruebo, gracias a Mendelsohn, que presumir y procurarse redención —«expiación terapéutica»— es uno de los objetivos de anteponer el yo al objeto literario. Si la prosa del yo permite la expiación terapéutica, o tiene «poder ansiolítico» (lo veremos luego), es lícito buscar la otra parte de la página: la condenación literaria del sujeto.

§ IV. Atención al ombligo

¿Qué relación tienen el observador y lo observado en las novelas basadas en el yo poco verosímil? En casi todas se da a entender que la prioridad del autor o de la autora es el ombligo «del observador», que acaba presentado y representado como el ombligo del mundo, aunque este no coincida con el ombligo alrededor del que se desata la novela-lamento. Recordemos: la novela clásica optaba por la lucha entre el ombligo y las tripas.

William H. Gass se preguntaba en 1994 qué razón había para «inflar el ego más allá del límite de seguridad», qué emoción puede haber en decir, ahora que todo el mundo sabe que la infancia es un mundo, «yo nací en… yo nací… nací, me hice caca en los pantalones, me humillaron, saqué buenas notas». La consecuencia de todo esto en el ejercicio de la ficción es que si los «cronistas de la infancia» son todos «deterministas desesperados», es ridículo esperar que la invención los aleje del determinismo y nos ofrezcan algo que no esté cantado, como en Rousseau, «pero no todos somos Rousseau», y el sadomasoquismo y el onanismo también tienen sus niveles biográficos y literarios.

Con esto, la obsesión por evitar prosa en la que domina la pasión umbilical no es solo mía. Sobre lo malo que es indagar única y superficialmente en las entrañas del observador y, si no se es capaz de hurgar, mirarse encantado el ombligo sin ir a los adentros ni buscar en los adentros ajenos, escribe Flaubert en una carta de 18 de marzo de 1857 a *mademoiselle* Leroyer de Chantepie. En aquella fecha, *Madame Bovary* ya había aparecido en la versión por entregas.

> En *Madame Bovary* no hay nada real. Es una historia «completamente inventada»; no he incorporado nada de lo que siento ni de mi existencia. La visión (si una hay) proviene, por el contrario, de la «impersonalidad» de la obra. Es uno de mis principios: no te «escribas». El artista debe tener con su obra la relación que tiene Dios con lo creado. Invisible y todopoderoso, está por doquier, pero no se deja ver. Además, el arte debe superar los afectos personales y las «susceptibilidades nerviosas...» [Flaubert 1963:188].

Alguien con verbo más espartano lo resumió hace poco en «la literatura no es nunca el ombligo mirándose el ombligo» [Marsé 2021:260]. La cultura literaria clásica anterior a la moda del narcisismo confesional intentaba todo lo contrario, alejar la vista del ombligo para tener una visión más inteligente, por distanciada y hasta cínica, del yo, para tener una idea más clara de las razones externas que han hecho del objeto (la realidad, sin necesidad de mostrar marxismo en la prosa, porque ya lo hizo Lázaro de Tormes) algo defectuoso necesitado de tratamiento literario.

Autores que entienden la escritura como expresión de la vida inventada o reinventada suelen creer ser protagonista-primera-persona que suplanta al autor, y que hacerlo sea suficiente para componer un *ethos* universal. Convencidos, la practican como mirarle el ombligo al sujeto, al autor, y luego compararlo con el ombligo de otro objeto, pocas veces con el cuerpo del objeto visto en conjunto. Por regla general, dan al ombligo del observador estatus de real y, al del otro, estatus de invención. En estos casos, el ajeno normalmente se queda en una invención plana, sin recovecos, sin peripecias de ficción sometido a un tipo de sorpresa que no pasa de ser un juego de magia infantil.

Por consiguiente, es fácil encontrar en las novelas de los jóvenes una parte complicada en exceso (la del yo) y otra que puede aparecer plana (la de la realidad); en la literatura en la que el yo no lo era todo, podía ser al revés. Sucede que la parte no real tampoco es invención completa, es solo un reflejo insulso del pequeño mundo del observador. Como resultado, el lector no tiene la sensación de que a la «auto-» le siga una «ficción» nueva y sorprendente (objeto), sino que esta acaba por ser la reescritura, cansina, de lo «auto-» (observador).[32] Una razón por la que en la prosa del yo se suele emborronar la imagen del observador hasta confundirla con la del objeto observado me ha parecido verla (además de en la poca pericia literaria) en la incapacidad de entrar hasta las entrañas del autor para comprobar que hacen daño, que si no tienen sitio en el mundo es por algo, porque son nonadas, porque el mundo de la verosimilitud no las digiere. Otra cosa es que las nonadas tengan una carga afectiva tan falsa que nos hagan pensar que si el autor penaba en los Pirineos es porque penaba de verdad,

32 Conciencia de que la *fictio* y lo *bio* pueden ser caras de una moneda compleja aparece en la novela de un campeón de la gongorina prosa del yo, Michele Mari, *Leggenda privata,* Einaudi, Turín, 2017, p. 11, dos caras que se pueden resumir en la palabra *«bioscopia»: «Spassarsela nella "fictio" ma senza perdere il "bio", la concessione graziosa, sbizzarrirsi nel cielo...».*

no porque quería construir algo emotivo-empático para conseguir más lectores.[33]

He observado una preocupante falta de coraje para sentirse raro de verdad, maldito, contracorriente, complejo y contradictorio, auténticamente literario, como si ser una invención de las de verdad convirtiera lo ficticio en un bicho raro, diera miedo y, en consecuencia, acabara por presentar al autor como si fuera también un bicho raro que iba a vender menos ejemplares si contaba los problemas del mundo (inventados y hechos ficción) que si contaba los problemas (reales y comunes a todos) a la hora del vermut dominical con el padre. No digo por añoranza del malditismo que el autor debería arriesgarse más y salir del problema familiar dominical, hablo solo de personalidad, de carácter y de ideas claras, pues he creído ver una tendencia excesiva al juego de la oca literario, a caminar en la novela con las parihuelas de otros, a lo cursi y a lo edulcorado para no enfadar a nadie y que el ombligo no sufra los problemas que causan las opiniones de vuelta que mandan las redes sociales y que tanto preocupan a los vanidosos en busca de pareceres compartidos, en busca de puntos de referencias al alcance de la vista; y que tanto preocupan también a muchos directores comerciales. A la literatura de altos vueltos que navegaba sin preocuparse en exceso de los vientos de la moda, del éxito,

33 Sobre la facilidad con la que se acepta que el autor sea capaz de añadir sexo a raudales (u otras estratagemas, mediáticas y literarias) en su obra con el fin de conseguir muchos más lectores, véase el recopilatorio M. Iacob y A. Rodríguez Posada, *Narrativas mutantes…* [2018], destinado a encumbrar la literatura reticular y el «fragmentarismo». Manuel Vilas admitió abiertamente en 2013 que había escrito *El luminoso regalo* y procurado que el sexo entrara a raudales en el texto para con ello conseguir más lectores. Nada que objetar a quien reconoce abiertamente los intereses que lo mueven.

del aplauso de los directores y de los recensores a sueldo le ha entrado el miedo y ahora navega solo a cabotaje, con referentes cercanos a los que pedir ayuda en caso de temporal. La prosa del yo parece prosa de cabotaje si se compara con la novela del personaje en conflicto con un universo al que no se le ven los límites (compárese Elísabet Benavent con Diego Garrido y espérese la regañina del director comercial y el aplauso del crítico literario, según toque).[34]

Si es pacata y va a tientas, la prosa del yo hace que el lector dude de que la parte biográfica sea sincera, completa y que, por tanto, la parte inventada sea algo más que un simple acto público, algo no estrictamente literario sino suplantación de una realidad verosímil por una realidad a medida de una media verdad vital. El narrador experto sabe cómo salir del embrollo porque sabe que mezclar bien vida y verosimilitud es una tarea ardua, y merece ser explicada o, si no, conviene explicar los mecanismos. Dostoyevski en *Los demonios* (2.6) obliga al narrador omnisciente a justificarse: «Como cronista, me limito a presentar los hechos con exactitud, tal y como sucedieron, y no tengo la culpa si parecerán inverosímiles»; toda una lección para aprender a encajar las distintas voces de la novela en la ficción, en lo vivido y en lo que entenderá quien lea. Ver las cosas en primera persona no garantiza que lo contado sea igual a lo visto; por otro lado, vivir las cosas no garantiza que se sepan contar; en tercer lugar, confiar en la empatía del lector para que entienda con buena voluntad la relación entre lo vivido y lo contado es dejar el mecanismo de la novela en manos

34 Domínguez Michael, *Servidumbre y grandeza* [1998]: «El crítico vive en la frontera entre la servidumbre y la grandeza de la vida literaria, el campo llano donde crecen la vanidad y la envidia. En algunas épocas es un mercader temido y solicitado, en otras un forajido sin patria y sin familia».

de extraños. El párrafo de Dostoyevski podría tomarse como ejemplo práctico de una teoría que Berardinelli sintetizó en: «*È il soggeto che crea l'oggetto con il suo punto di vista*».

Ver que un escritor se ciñe continuamente la espada propia y la blande como si fuera ajena provoca ruidos extraños. Para entender el porqué de los chirridos basta con imaginar que el jaleo se debe, por un lado, a la impericia a la hora de «gestionar» la distancia que hay entre los varios puntos de vista narrativos y lo real. Por un lado, me di cuenta de lo difícil que es gestionarla bien cuando vi que Roth tenía necesidad de aclararlo:

> Pensaba que si me ceñía a los hechos y reducía la brecha entre lo real y lo inventado, podría conseguir un relato que reflejaría el carácter distintivo judío de mi procedencia. Pero cuanto más me ceñía a la realidad y lo estrictamente autobiográfico, tanto más resonante y reveladora resultaba la narración [Roth 2019:97].

Por el otro, he podido comprobar, a mi pesar, que las autoras y los autores se quedaban a medio camino cuando la novela dejaba atrás la parte del yo y se enfrentaba a la parte que quería ser ficción. Quedarse a medio camino debe entenderse según los principios recordados más arriba: no acabar de crear un mundo ficticio nuevo y tener arrestos para darle un lenguaje propio, dejar la parte inventada en mero formalismo. En el momento del parón, cuando al autor le entraba el pánico de enfrentarse a la literatura desde una posición omnisciente *(tout-puissant* [...] *au-dessus des affections personnelles),* él, en cuanto observador, solía tener dificultades para integrarse en la novela y asumir el objetivo moral básico del género: ajustar cuentas, hacer que el objeto y la realidad pasen cuentas más allá de las cuestiones personales. Algunas autoras no se atrevían a poner al personaje a ajustar cuentas; quizá lo hacían tímidamente cuando se dedicaban a preguntarse por sí mismas, pero cuando dejaba de ser el yo y se convertían en personaje lanzado a lo real, el personaje-autor parecía un pelele a merced de un mundo breve visto con un catalejo puesto al revés. Y, ahora, quizá convenga una explicación, breve y en palabras profesorales, a lo que he dicho acerca de la autora que reniega de sí misma cuando se ve sola dentro del libro, convertida en personaje, y se siente presa del pánico.

Un recurso que se ha demostrado triunfante en las novelas clásicas es que el personaje utilice el encontronazo con la realidad para afianzar tanto un modo peculiar de agresividad como una forma de afianzar el yo que lucha contra aquella. En muchas de las novelas del yo en las que el sujeto y el objeto no están bien definidos porque no entran en conflicto y ocupa cada uno un lugar inconfundible, el autor-personaje evita el enfrentamiento con la realidad, y con lo verosímil inventado, para dejarse mecer en una zona confortable, para vivir y expresarse cómodo en un mundo en que los narradores anteriores (Melville, Joyce, incluso Cansinos-Assens y Henry James) hacían todo lo posible por colocar personajes inquietos y a disgusto. Hasta en una novela exquisitamente burguesa de James como *The Spoils of Poynton* (1896-1897) quien lleva el timón de las peripecias es una mujer con carácter fuerte, y no importa que sea tradicionalista, importa que sea dominante y provoque conflictos dentro y fuera de la narración.

Estudiosos hijos de la vieja escuela describieron la autoficción, antes de que tuviera este nombre, como algo «homodiegético», término que quizá tomaron de Gérard Genette. Consiguieron expresarlo de manera tan clara que merece la pena dudar:

> La manera más simple y la más absoluta que tiene un narrador [para introducirse en su narración] es contar sus memorias o publicar su diario íntimo. De este modo se asegura un lugar de privilegio desde el que podrá tener una vista sobre todo lo que constituye la materia de su narración. Vista angosta, subjetiva y que pide cautela, pero privilegiada por cuanto permite —teóricamente al menos— trascender la tradicional oposición sujeto-objeto: el sujeto es el objeto de su narración. En las obras de ficción que se presentan bajo la forma de memorias, el personaje trata de reunir y dar sentido a toda una parte de su vida a base de dar relieve a las líneas centrales; sabe por adelantado cuáles van a ser el punto de partida y el punto de llegada de su itinerario. Conocedor de todas las circunstancias de su material, puede generalizar, sacar moralejas o emitir juicios tal como haría el autor omnisciente [Bourneuf y Ouellet 1981:102].

Una glosa simple: se habla de «narrador», no de autor; de un «lugar de privilegio» en la narración tan bien instaurado que malmeterlo con la inclusión del yo hipertrofiado del autor debería ser pecado de lesa literatura si la duda que agobia al escritor es: «¿Lenguaje al servicio de la narración o regresión literaria al servicio del ego?» [Roth 2019:48]. Si las «memorias» que me presentan son las del narrador, no las del autor, y el narrador sabe cuál será el «punto de llegada» de la narración, sé que me enfrento a la antinovela. La grandeza de la novela se basa en el «no saber qué va a pasar» [Cercas 2016]; se trata de una vía «angosta, subjetiva, que pide cautela», por eso cuando aparecen «yoes» a tumba abierta, lanzados con superficial desparpajo por la autopista de la prolijidad —pero en apariencia segurísimos de sí mismos y de los cimientos en los que basan su éxito—, temo la confusión de lo híbrido, ojeo con cautela y espero que lo sabido por la *memoria* no avasalle lo imprevisto de la *actio* y la reduzca a comparsa. Ahora que ya hemos afinado la presencia de la memoria, debemos decir que en puridad *actio* es, claro, la exposición pública. El momento en que lo auto se convierte en texto, en prosa (escrita en el caso que nos ocupa). Gass advierte de los peligros de confundir los pasos de la exposición:

> Una autobiografía no se convierte en ficción porque se fabriquen maquinaciones, o porque los motivos nunca sean puros, o porque la memoria se difumine realmente. No se convierte en ficción simplemente porque se omiten deliberadamente hechos o actitudes, se interpretan maliciosamente o se moldean de nueva planta de manera franca, porque la ficción siempre es honrada y no pretende engañar. Lo proclama: soy ficción; no esperen que sea precisa, no porque no sea fiable, sino porque no me dedico a hacer una réplica sino una construcción de nueva planta.

La tentación de hacer del autor un narrador es antiquísima, y los estudiosos se afanan por hacer caer en ella a todo quisque, incluidos Diderot y el sobrino, demostración de que nadie se libra del furor académico y del etiquetado del yo, marbete que le ha sido pegado incluso a la vida de Dante, cuando la ficción no era ni siquiera capacidad de insertarse en la propia alegoría y se sabía que el sujeto no tiene la condición vital del predicado excepto en algunas construcciones nominales, a propósito.

De este modo, por culpa del éxito etiquetador, los libros nos enfrentan a realidades que son solo medio reales porque el autor-protagonista, tras reparar en que cuanto tiene que contar es apenas una banalidad, no se decidía a echarse atrás, no optaba por embocar otro camino, se limitaba a envolver un asunto mediocre con una realidad que desentonaba (por exceso o por defecto) con el asunto. Una realidad medio real es aquella en la que la impericia del autor del yo hace que ni siquiera sea verosímil y se quede en decorado a medio construir, sin voz ni voto. Una realidad a medias es aquella a la que la presencia del yo en la prosa exige comportamientos moldeados según exige la realidad del autor (e incluso del lector) y no la de un protagonista inventado. Para alguien que vive plenamente y a diario el ambiente editorial, leer la sentencia «yo soy imperfecto, luego no espere de mí libros perfectos» le puede provocar hambre de paradoja hasta invertir los términos en «Dostoyevski era imperfecto y, consecuentemente, sus libros podían ser perfectos». Pero la paradoja, aparte consideraciones morales que no hacen al caso, ha mezclado de manera ridícula dos conceptos y una realidad —la imperfección y la vida, por un lado, y los libros por el otro— que no deberían estar al mismo nivel o que, cuando menos, no deberíamos reunir alegremente. Las tres cosas parecen obedecer al mismo rito, pero no siempre lo hacen. No siempre, insisto, porque no existe ninguna garantía de que, si una consiguiera ser perfecta como mujer, esto es, alcanzara a ser una combinación proporcionada y admirable entre el bien y el mal, los libros que produjera como escritora fueran perfectos como deben ser las obras hijas de una mujer perfecta que opta por el yo en la prosa. La historia de la literatura moderna está llena de hombres imperfectos que han conseguido dar a sus lectores escritos memorables. Esto es así porque somos capaces de juzgar la imperfección del hombre como algo relacionado con la naturaleza humana, pero somos incapaces de analizar lo desabrido de la literatura con una herramienta que no sea la del placer íntimo que nos provoca. La culpa de esta desavenencia la tiene la posmodernidad y, para ser más concretos, la angustia del escritor posmoderno. Ser una persona no especialmente angustiada permite no tener un contacto conflictivo con la posmodernidad. Un crítico literario afirma que los signos de la posmodernidad son pérdida de ilusiones, relativismo, narcisismo, hacer piruetas con la metafísica, quedarse en casa a ver telefilmes americanos, creérselo todo por la mañana y renunciar a todo por la tarde, y muchas cosas más, es decir, dar vueltas sin fin hasta convertirse en «un satélite de sí mismo».

> Hay otro detalle que distingue al novelista nato de los autores de confesiones íntimas en forma de novela: la ausencia de la facultad objetiva en estos últimos. El escritor subjetivo carece de la capacidad de alejarse lo suficiente de su historia para verla como un todo y relacionarla con su entorno; sus personajes secundarios siguen siendo meros satélites del personaje principal (él mismo) y desaparecen cuando no son iluminados por la estrella central.
>
> Estos libros son a veces obras maestras; pero si por «arte narrativo» se entiende la creación de personajes imaginarios y la invención de sus experiencias imaginarias —y no parece haber definición más conveniente—, entonces el relato autobiográfico no es estrictamente una novela, ya que no se ha realizado un esfuerzo objetivamente creativo en la construcción.[35]

A priori, ir a la oficina del paro a preguntar qué hay de lo mío no tiene el mismo pedigrí novelesco que dejar de escribirle al coronel, que abandonar un bastardo recién nacido en la cama de un *lord* inglés o que recoger las uvas que tira la ira del viento. En principio, tampoco lo tiene acostarse a la hora de dormir en Combray para eso, ir a dormir, y Proust le dedica decenas de páginas al gesto. Pero Proust es único

35 E. Wharton, *El oficio de narrar,* V. Lynagh (tr.), Altamarea, Madrid, 2025 (en prensa). La cita en el capítulo III.

y, además, no lo olvidemos, no describe cómo se acuesta él ni una persona en concreto, sino un paradigma de persona. Proust no se inventa el modo de acostarse, que un castellano cabal resumiría en un párrafo, se inventa un modo de describirlo, que es la zona ulterior de la literatura. La zona anterior consiste en tener una idea, la intermedia consiste en casar la idea (mundo) con la expresión (literatura) y que la unión no chirríe. Con la manía de presentar las tres zonas bajo el paraguas de la autoficción, la bisagra entre expresión y realidad chirría a) por culpa de un protagonista que no es del mundo ni de la literatura y al que el literato inexperto ha sido incapaz de darle un mundo verosímil, b) por razón de un protagonista que es solo expresión de un yo sustituible y no paradigmático y, por tanto, prescindible en el pequeño teatro del mundo. Es tan prescindible que cuando el autor se coloca como yo-observador en un mundo complejo, parece que quede diluido en algo irrelevante, incapaz de competir en extrañeza y en originalidad con el mundo de verdad, cogido con pinzas.

§ IV.1. El aburguesamiento de la épica

Resulta sorprendente ver cómo los jóvenes autores, sean metaliterarios o no, «siempre andan encandilados con los reflejos cegadores de la literatura de ficción» y quedan deslumbrados ante lo primero que escriben y creen que han insertado sus veleidades en un mundo especial que cambiará la vida del protagonista, que no es otra que la suya pasada por la vanidad de la página blanca ocupada por gusanitos negros. Olvidan, por completar con una cita la anterior, que «la ficción no aspira a suplantar la realidad, quiere representarla» [Marsé 2021:111] o que la literatura no debe necesariamente cambiar la forma de ser del escritor.

Si esto es así, que no tiene por qué serlo siempre, como editor me veo entre las manos una cantidad enorme de originales (antiguos y modernos) en los que el autor tiene miedo a no ser la realidad editorial, y cuestionar la realidad (incluso desvirtuarla) es algo que la novela tiene por norma.

Como lector, acepto la presencia del miedo como personaje principal, acepto el desafío de tener que concentrarme en la lectura de la *performance* de los hechos de un personaje sin destino y en una trama sin peripecia, asumo que el (omnipresente y pesado y artificial) zigzag de la estructura no logrará hacerme creer que los cambios en la vida del yo cambiarán el destino del personaje. Léase que acepto que a la novela le falte un ingrediente principal, un «personaje que no se heroifica, [al que] no se le pone a prueba, no conoce un proceso de formación [y] permanece inalterable porque las peripecias cambian su vida pero no su destino»; esto es, el personaje es un objeto reconocible, no un destino desconocido. Luis Beltrán Almería [2021:103-104] resume en cuatro puntos la diferencia entre la «novela biográfica» y la «novela de pruebas». El primero de ellos hace referencia al citado personaje incapaz de devenir héroe. El cuarto puede servir para ver por qué puede cansar leer novelas en las que la relación del objeto con el ambiente chirría: en la prosa del yo «el mundo es real. No admite el exotismo de lo desconocido», que es una metáfora bellísima para reconocer que hay libros en los que la *fictio* es un pegote.

La anterior es una aclaración estimulante que permite seguir la lectura confiado en que el autor sabrá echar mano del recurso definitivo: representar la realidad a través del reflejo que devuelve un «espejo convexo»,[36] literario y deformante,

36 Sí, la expresión tiene correlato en un libro de poesía. Es de poesía, pero enseña mucho sobre cómo se debe (o no) describir lo que se cree que se

pues representarla según la devuelve un espejo plano es otro tipo de ejercicio, semejante a lo que hacía Tucídides, y no todos somos Tucídides.

Del mismo modo que en la prosa del yo no deberíamos buscar solo la prolongación de una vida, «no buscamos en la novela la prolongación de la realidad, sino algo distinto, por encima o por debajo de la realidad» [Torrente Ballester 2017:67]; nos interesa algo aún más distinto o sorprendente, algo pasado por el prisma deformante conocido como ejercicio literario y que consiste en desviar los haces de luz de la biografía para que impacten oblicuamente en la realidad y en la página y, de retruque, en el lector. De ser así, al autor-observador de sí mismo le bastaría con no ser mero descriptor para a) descolocar la teoría de Marsé sobre la dictadura de lo verosímil y aportar una novedad a la teoría de la descripción, b) dar un paso adelante en la liberación que pretende con el insertarse en lo real, c) identificar un exterior complejo que le obligase a dibujarse de manera compleja; para ello debería ser capaz de representar el objeto con ojos de literato, no limitarse a ser una correa de transmisión de corto recorrido o de recorrido atenazado por el qué dirán de mí.

Por el contrario, obsesionado el joven autor con suplantar la realidad, echa mano de lo que tiene más cerca, «él mismo».[37] Como material no es desechable a primera vista, aunque alguien debería decirle a las jóvenes que de lo preocupadas que estaban el día que les vino la regla o el que se

tiene delante. *Cfr.* J. Ashbery, *Autorretrato en espejo convexo,* J. Marías (tr.), Visor, Madrid, 2005.

37 Compárese «con el escritor arroja [al lector] "su personalidad [...] en el peor de los casos, como forma de onanismo literario, reduce seriamente las posibilidades narrativas", porque pierde el sentido de la realidad ["comunidad"]», Ph. Roth, *¿Por qué...?* [2019:48].

presentaron a la Selectividad, o lo inquietos que estaban los chicos el día del primer beso o las chicas el día de la primera moto no le importa un comino a nadie, a no ser que tengan, además de una prosa del yo, una prosa de verdad a prueba de bombas y de cursiladas. En principio, «uno mismo», la regla, el primer porro, el primer portazo para irse de casa, el padre franquista, el calimerismo de posguerra, mi mamá no me mima no son materiales literarios desechables; aunque uno no lleve la vida del vacuo y aparatoso Casanova, de Agustín de Hipona, Marie Curie o Erasmo —o la de Azúa en versión de idiota que quiere contar la historia por sí mismo—, si colocamos los citados materiales dentro de unos engranajes bien ajustados, reconocibles, podremos hacer que giren en más de una dirección.[38]

Para hacer, hoy, algo sorprendente basta con saber buscar, con que el yo tenga el coraje de intentar un movimiento nuevo sin pensar qué va a decir el editor-chequera[39] —y las instagramistas, la agente literaria, los lectores y los recensores (se acabaron los críticos que iban por el monte solos)—, con que la autora ose hacer algo que ya no se lleva o que puede ser juzgado como rompedor. He leído cientos de novelas

38 El párrafo es paráfrasis de una idea común en el mundo editorial. Véase la opinión de los editores de Bao Publishing, dedicados a la publicación de cómics (Zerocalcare, casi nada) citada en C. Taglietti, *Risvolti* [2019:85]: «*Bisogna far capire ai ventiduenne che di quanto erano preoccupati l'estate della maturità per il loro futuro non frega niente a nessuno e che ce ne vuole di lavoro perché quella storia sia di nuovo fresca e originale*». Visto cómo ha cambiado el mundo desde el 2019 se podría glosar: «… de lo preocupados que estaban el año de la Selectividad por su futuro no debería importar nada a nadie».

39 El editor-chequera es una referencia a los «felices corsarios» de los potentes editores que iban «chequera en ristre» a tantear autores y autoras en terreno ajeno; es también una variante al editor-maletín del que se lamentaba Jorge Herralde [2019:361 y 409] y que recorría Barcelona a la caza de autores que robarle a la competencia.

inéditas y publicadas en las que los autores parecían atenazados por el miedo y por la (auto)obligación de darle una estructura compleja a la simpleza que les apetece decir, como si también les diera miedo la linealidad de «la condesa salió a las cinco» y prefirieran «era de la tarde el momento anterior a lo suficientemente posterior cuando la mentida robadora de mis ansias, media luna y taza de té me dejó en la frente…». O sea, se le ofrece al lector complejidad de laboratorio para intentar demostrar pericia y complicidad, falsas ambas, pues se derrumba al primer encuentro serio entre la peripecia y el personaje. Dicho en términos de literatura clásica: mucha prosa del yo se queda en nada porque quiere hacer una tragedia sin que se crucen o enfrenten los destinos, o porque teme que tras el terremoto «partan tragedias del tamaño de ratones los montes», por eso prefieren jugar con ratones que se ahogan en un vaso de agua antes que correr riesgos de profundidad telúrica.

Hay novelas de apariencia compleja que se desmontan con apenas preguntarse «qué hace este personaje aquí» o con apenas ponerse tomista: «no ha sabido mezclar bien los consecuentes con los antecedentes». Desmontado el castillo de naipes con apenas un soplido del que es capaz cualquier lectora avisada, queda al descubierto que cuanto sostenía el montaje de la prosa confesional era algo tan construido en el fango como la hipertrofia del yo alimentado con vanidad.

Como descrédito del yo, es iluminador. Sobre la posibilidad de que concentrarse únicamente en un punto —hipertrofiar el yo, la nostalgia, el barrio, el divorcio de los padres— no sea del todo aconsejable desde el punto de la riqueza literaria, Constanzo di Girolamo acuñó una expresión que, cogida con pinzas, se puede aplicar al caso del ombliguismo: «Según el manual del Grupo μ, la palabra poética se descalifica como acto comunicativo. En efecto, no comunica nada o, más bien, solo se comunica a sí misma».[40] Lo que se comunica a sí mismo, únicamente a sí mismo, no comunica nada, es como predicar en el desierto un predicado vacío, un ejercicio doblemente inútil. La razón que da la teoría es que la novela es complejidad de voces; la teoría, en este caso, se vuelve contra el escritor poco práctico y poco trabajador si la complejidad de voces se confunde con el griterío aburrido y simultáneo de un estadio de béisbol cuando lo que se pretendía era ofrecer un sincero y conmovedor *stabat mater dolorosa.*

El ficcionario joven que se agarra a lo que tiene más a mano se empeña en demostrar que su epopeya oral es el perno sobre el que gira la epopeya coral; le gustaría que el solista estuviera bien arropado, pero por culpa de la complejidad que no sabe contener, el coro acaba en otra cosa. Como cantante solista con carácter de adolescente y necesidad patológica de darse a conocer, se siente especial, y especial debe entenderse como creerse superior al «sentimiento general no puesto por escrito». En este caso, se arroga la tarea de yo-notario-escritor y redacta el escrito con un burocratismo triste y tópico; al final, estampa una firma en primera persona entre una lectura veloz y llena de sobrentendidos que tiene, en el peor de los casos, el reflejo de un acto vital basado en llevar a cabo un anhelo literario.

Puede llegar a cansar ver cómo se obstinan los imperitos en embellecer lo banal, adobar lo aburrido, darle sentido a la existencia solo en la medida en que convierten en palabra

40 C. di Girolamo, *Teoría crítica…* [1982:67]. Lo del grupo se encuentra referido en *Rhétorique générale,* Larousse, París, 1970, p. 19. Una actualización del ombliguismo en A. Caballé [2017].

una tontada, en que creen que tienen el don divino de creerse diferentes por el hecho de tener los mismos problemas y ambiciones que los demás, por poner por escrito el futuro de sus ambiciones de adolescente pseudoincomprendido.

Para un diarista feroz, novelista frustrado en vida y suicida, la autoficción era inferior a la novela por una razón básica: la característica de la novela es no tener ninguna en concreto porque aspira a condensarlas todas, y a dar cabida a todas las razones, a todas las personas gramaticales y a todos los tiempos verbales; ¿por qué, pues, dejar fuera tantas razones y tantas personas gramaticales arrinconadas tras el triunfo de la primera persona del singular? A pesar de ser un novelista frustrado en vida, Guido Morselli no se cansó nunca de defender que la novela no es un género, es «una literatura, y todavía más, es "la" literatura». Es decir, la novela parte de graneros muy amplios y selecciona los que le conviene. Si el ficcionario parte de un granero muy limitado y no sabe hacer pan, la masa no levita. Los verdaderos escritores son capaces de hacer pan para el mundo a partir de apenas unos cuantos granos que multiplican bíblicamente con el arte de la ficción, que es inagotable, por mucho que la autoficción luche por limitarla y persiga el aburguesamiento de la épica que consiste en reducir la complejidad a la unidad tras eliminar la semilla de la discordia. Para Javier Cercas, como para Morselli, «la principal virtud del género» es

> el carácter libre, híbrido, casi infinitamente maleable, ser [...] un género de géneros en el que caben todos los demás y que se alimenta de todos. Es evidente que solo un género degenerado podía transformarse en un género así, porque solo un género plebeyo, que no estaba obligado a proteger su pureza o sus virtudes aristocráticas, podía

> mezclarse con los demás, aprovecharse de ellos y convertirse así en un género mestizo. [41]

Marsé aportó un grano de arena a la teoría del fin de la novela. «El descrédito de la ficción no anuncia otra cosa que el descrédito de la realidad» [Marsé 2021:149]. La primera glosa que viene a la cabeza dice: de poder afirmarse así las cosas, el descrédito de la autoficción no anuncia otra cosa que el descrédito de «lo auto» y de «lo fingido». Pero lo de Marsé quiero entenderlo y explicarlo a través de la paradoja: si la prosa del yo tiene solo una relación marginal, «de refilón», con la realidad porque lo que pretende es representarse (no cambiar la realidad, no desmenuzarla, no acercarse a ella y provocar un hecho moral —hecho que era exigencia en Pavese—),[42] el prosista del yo será el único responsable de lo que está a punto de representar y nada tendrá que ver con descréditos y valores; no será, pues, responsable más que de sí mismo.

Raskólnikov merece crédito como personaje a pesar de querer desacreditar la realidad porque la desafía, porque en la intención de Dostoyevski priva la complejidad del protagonista, y es tan fuerte en la acción como en el arrepentimiento, en la determinación como en la peripecia. Por ejemplo, si es importante que la idea de venganza nazca del hecho personal de un personaje autónomo del autor, y si se trata de un hecho

41 G. Morselli, *Diario* [1988:255-256]. La cita de «característica de la novela es no tener ninguna porque puede tenerlas todas», en un estudio que analizaba el *nouveau roman* francés de hacia 1960, J. Bloch-Michel [1967]. Para J. Cercas, *La aventura de escribir…* [2023:28-29].

42 C. Pavese, *El oficio…*: «Debo conformarme con el descubrimiento mínimo que contiene un poema, y demostrar mi renovación moral con la humildad a la que me someto a este destino, el de mi naturaleza», reflexión del 16 de octubre de 1935, cuando tenía veintisiete años y empezaba a establecer la relación entre la poesía descriptiva y la prosa.

moral que el autor quizá no soporte, esta importancia no hace sino incidir en la necesidad de separar el personaje del autor, que quede bien claro quién cumple el cometido que justifica la novela.

Si Marsé [2021:223] asegura que «la literatura es el deseo ajustando cuentas con la realidad» —que Manganelli formuló antes como «la literatura es el deseo de ajustar cuentas con la realidad»—, sucede que en el viaje circular que es salir del puesto de autor-observador para conocer bien el personaje-observado y, expulsado este de la exigente realidad, verlo volver derrotado a ser el autor-observador, digo que lo más normal es vérselas con «autofictores» o «autoficcionadoras» que se quedaban en el ajustar cuentas consigo mismos. Las novelas con este particular tenían una característica en común: practicaban una literatura periférica, pues partían de un núcleo (autor) incapaz de permear en la realidad, núcleo o sujeto atónito a las puertas de un mundo que el redactor no sabía que fuera necesario conocer para con él dar vida a lo que llevaba en la cabeza, como si la preocupación que lo impulsó a *«s'écrire»* tuviera las alas cortas y poco aventureras.

§ v. La sinceridad y el atrevimiento

Si el autor insiste en preguntarle con aprensión a la prosa del yo «dime, gramática mágica, ¿qué es de mi vida?», en el lector —por culpa de la aprensión preventiva del escritor— cunde la sensación de que el miedo a la respuesta limitaba a aquel a la hora de indagar la razón que lo llevaba a escribir. Indagado que haya el autor, una vez sobrepasada la primera corteza, le entra el miedo de tener que representar lo que acaba de ver en las entrañas. Teme que no le guste y, sobre todo, que no guste a los demás. Por regla general, el autor miedoso prefiere replegarse en el yo miope con el que ha sido incapaz de enfocar bien lo que ha ido buscar. La búsqueda suele empezar con un enfoque con voluntad de precisión, pero resulta que la interpretación de lo observado que debe venir después ha perdido interés por el camino y, de resultas, precisión y arrojo.

Acerquémonos a Cicerón, no por pedantería, sino porque es útil. En una de sus obras hay escenas *trash, hard boiled, splatter* (o todos los anglicismos cinematográficos que se quiera para el *sang i fetge* de mi juventud) muy ilustrativas para describir al autoficcionador primerizo. La lectura de novelas con un yo dolido injertado en el árbol de la ficción lleva a imaginar al autor convertido en arúspice de profesión: se trata de un autor que no soporta la visión de la sangre, pero que para satisfacer necesidades básicas (incluso literarias) ejerce la aruspicina y, por razón del repelús que le inspira la sangre, trabaja a distancia, no toca las entrañas y las interpreta según dicen un manual, algunas lecturas, lo que ha oído decir, el abecé de la escritura creativa. Fiado, en definitiva, de lo que le dice un matarife ajeno traído a propósito, incapaz de meter las manos en lo sucio, en lo denso, el prosista del yo escribe temeroso un ciceroniano *De inventione* de oídas o, para lo que nos ocupa, inventa un *Mi propia vida* bajo las órdenes de la asepsia. La asepsia y el miedo a aparecer con las manos manchadas volverán más abajo, en el capítulo dedicado al *cyber-soi* y a la vanidad y la literatura especulares.

Si la novela clásica es un ajuste de cuentas entre unos personajes y la sociedad, reducirlo a un ajuste de cuentas entre el yo y el uno mismo (y con las lecturas que uno ha hecho para ver si cuadran con las de los lectores) parece empobrecedor, a no ser que el yo sea tan excelso que supere todo lo demás. Pero entonces, hoy, el arúspice que no se conforma con el ombligo y ve un hilo y tira de él, y tira de él hasta que descubre un mundo que asusta, debe estar preparado para el escándalo y la polémica. ¿Quién, con los tiempos que corren en el mundo editorial, se puede permitir un escándalo de alta intensidad —sanguinario-umbilical— con la primera novela? Solo las fuera de serie, y son pocas, por mucho que los departamentos comerciales de las editoriales se obstinen en crear una por semana y vendernos a diario «el libro que cambiará el rumbo de la literatura occidental». Quizá un libro que esté por encima de la media se pueda permitir llevar dentro la semilla de lo polémico y llegar más allá de las censuras preventivas que imponen los directores comerciales.

Si queremos un libro polémico que invite a hurgar en lo profundo hasta sobrepasar sin miedos la barrera del pudor, tenemos uno que se publicó en 1964, mucho antes de que un francés se arrogara el término *autofiction,* lo pusiera en la solapa de un libro de 1977 e hiciera fortuna en la crítica literaria.[43] El libro de 1964 se titula *El mal oscuro* y el autor, que presumía de honradez intelectual, explicó que lo suyo

43 S. Doubrovsky, *Fils,* Galilée, París, 1977. La aparición del término y aclarar lo que pretendía Doubrovsky al decir que su novela era autobiográfica ha llevado a la publicación de miles de páginas. Una síntesis que me resulta comprensible es la de C. Mazza Galanti, «Autofinzioni», *Minimaetmoralia,* 8 de julio de 2010. La explicación de Doubrovsky «se basa en criterios sustancialmente psicoanalíticos, que se agrupan con las preferencias estilísticas del *nouveau roman* [...]. Después de Freud (y de Lacan) no está permitido escribir autobiografías transparentes, como la de Rousseau. No está permitido entregarse inocentemente a la sinceridad y a la memoria como instrumentos de acceso a una verdad capaz de manifestarse independientemente de corsés y esquemas lingüísticos. De este modo, escribir una novela autobiográfica significa entregarse al poder de la escritura, dejar que el lenguaje hable por ti, utilizar las palabras como sondas capaces de revelar la estructura del inconsciente, un inconsciente, precisamente, "estructurado como el lenguaje"».

> es una novela y no es una novela. Como novela es la historia de un mediocre intelectual de provincias que va a Roma con el sueño de escribir una obra maestra y que acaba por vivir a la sombra del cine por los cafés de via Veneto o de piazza del Popolo, envidioso de los que han hecho carrera.

Nótese: como novela, es la «historia de un intelectual», no la «vida de un intelectual». Puede interpretarse que, en aquellos tiempos de marxismo intelectual galopante, la forma de escritura que hoy conocemos como autoficción tenía unos límites, quizá los que imponen la vergüenza ajena y el miedo a caer en la categoría de «decadente». En 1964, fabular la propia abyección colindaba con una suerte de interés por lo general, con la conciencia de que el personaje era todavía alguien que dependía de la voluntad de estudio del autor, quien se disponía a ofrecer en bandeja envenenada unos frutos peligrosos, pero ya escoscados, listos para ser digeridos a pesar de la amargura y del dolor [Clavería 2020:213-214]. Convendría saber, no obstante, que esos frutos sacados de la chistera del autor no eran estrictamente la única cosecha posible ni el único puntal de las fortunas o adversidades del protagonista. Berto asume y declara que un texto así puede ser una «no-novela» por mucho que cuente una «historia personal». De este modo, el hecho de narrar la

> descripción de una neurosis ansiosa y del tratamiento que lleva a la curación, es también una exploración del inconsciente a través de los sueños y de las asociaciones [...] cuento una historia personal. [...] Si la enfermedad del protagonista anidaba en el odio hacia el padre, en la actividad sexual, en la búsqueda de Dios, en la actividad intestinal, en los abismos del onanismo, en las vejaciones a las que le someten los radicales, en la exaltación del primer beso, en el terror

> a la homosexualidad, en la obsesión con el cáncer, en una ambición desmesurada, en los turbios estímulos secretos, entonces era allí donde yo tenía que hurgar con coraje y con la intención de llegar lo más lejos posible [Berto 2021:487-488].

Berto nos aparece como el autor que estira de un hilo que le sale del ombligo porque tiene curiosidad (o necesidad) de ver lo que lleva dentro. Es el arúspice implacable, arúspice de sí mismo consigo mismo, sabedor de que lo interior duele y vende poco, pero no por ello detiene la búsqueda [*ibidem,* 486] y la interpretación; esta última, ante todo. Es una manera peculiar de hurgar; por el contrario, la manera del autoficcionador de pacotilla —dícese del que busca de manera literaria, formal, falsamente atormentada y se mete con calzador en una historia modelada adrede para él— suena falsa porque la realidad es de escaparate, engañosa. Si la prosa del yo descubre el miedo y es cobarde, detiene la indagación en el yo y deja el protagonismo de la novela a la ficción que se había creado a medida. Como casi todo lo hecho a medida, cuando desaparece el maniquí-modelo, es difícil que le quede que ni pintado al sustituto.

Una cosa es hurgarse en los adentros en busca de uno mismo y otra cosa es sacarse una selección de las entrañas más presentables para que acompañen la vanidad en el paseo triunfal por las librerías encadenadas y los clubs de lectura en sociedad. En muchos casos, lo que parecen obras literarias fallidas apuntaladas con el yo son primeras novelas escritas como si los autores hubieran querido empezar por el final sin haber adquirido ni la pericia, ni la paciencia, ni la autocrítica, ni la capacidad narrativa que se requiere para mirar hacia atrás y hacia adelante a la vez. Es como querer inventarse las experiencias y necesitar hacer ficción con las ideas, y eso se llama novela clásica de peripecias, la que con abusiva presencia del narrador omnisciente —que no debe confundirse con un yo vestido de opinante— algunos hacen con el oficio de narrador ya aprendido. Ejemplo: cuando Enrique Vila-Matas publicó en 2002 *El mal de Montano,* vendida y premiada como novela «a caballo entre el diario íntimo y la novela, el viaje sentimental, la autoficción y el ensayo», llevaba casi treinta años publicando, además de ser Vila-Matas desde muchísimo antes y hasta mucho después. Cuando Manuel Vilas optó por triunfar con «la prosa del yo y mi padre» llevaba tiempo como poeta rompedor y había demostrado marginalidad a raudales en una editorial que no era precisamente la fuente que mana y corre en Alfaguara o un satélite de Planeta.

Hay una tercera manera de insertar el yo en lo otro. Es más complicada y está al alcance de muy pocos: consiste en desdoblar el yo y no inventar la realidad, o sea, se trata de una variante intelectual que busca encajar una parte inventada (el segundo yo) con dos partes reales: el primer yo y la realidad.

§ v.i. Ser otro y vivir con nombre falso

La novela *Autobiografía de Federico Sánchez* escrita por Jorge Semprún cuenta la historia real de Semprún cuando tenía que ser otro y vivir con nombre falso. Es un «ajuste de cuentas [la novela clásica es siempre un ajuste de cuentas] con su *alter ego*» [Vázquez Montalbán 2025:196]. Quede claro: *«alter ego»,* no «ego». A fuerza de ser positivistas, es justo declarar que la clandestinidad no convierte a una persona en dos personas, pero desdobla los comportamientos sin dejar de tener cada uno una personalidad; por el contrario, la autoficción no puede definirse como paradigma de la clandestinidad. Según Vázquez Montalbán, algunos críticos piensan que algunos lectores pueden creer que todo es un simple juego de doble personalidad. ¿Cómo conseguir que la doble personalidad cuaje en una novela en la que la doble faz (biografía frente a biografía fingida por obligación) corre el riesgo de no encontrar una realidad a medida y la ficción que le es necesaria no resulte ridículamente plana? Respuesta: pruebe el autor a evitar la ficción de cuatro cuartos o, por mejor decir, a aceptar que la ficción está en la personalidad (cuerpo y alma) y no en la realidad maniatada por gustos que satisfacer, que no se trata de ajustar cuentas con algo que no se sostiene por sí solo.

¿Por qué no debemos aceptar que con la novela de Semprún estamos ante un banal y reductor caso de autoficción? La respuesta, esta vez, la da Vázquez Montalbán [*ibidem,* 201]: «El lector viaja por el interior del Partido Comunista [...] y por el interior de un Jorge Semprún lo suficiente distanciado de Federico Sánchez como para darle estatura de personaje literario». A pesar de que «algunos críticos no entendieron la diferencia entre novela y biografía» [*ibidem,* 203], esta novela construida con un *alter ego* clandestino en lucha con un ego real e insertado en una realidad clandestina que lucha con otra real supone un brillante ejercicio de «literatura como conocimiento, como investigación del conocimiento de la conducta, en este caso de la conducta del individuo "en la Historia"». En suma: Semprún a) crea un personaje creíble porque vive un dilema moral, no es hijo de una confesión hecha al diario antes de acostarse; b) no modela la realidad para acomodarla al diario; en todo caso hace ficción para que sea compañera del hecho moral, no del confesional. He aquí dos detalles que no suelen lucir en algunas novelas del yo, por lo que parece que sean detalles difíciles de conseguir:

a) la sinceridad basada en el conocimiento de la conducta, no en una exposición escapista de ella;[44] b) la conducta hija del comportamiento de un individuo en la historia, no de lo que necesita la memoria para justificarse o, peor aún, darse a conocer. Es decir: relatar solo conductas, poner un ego en un medio hecho a propósito y gratuitamente hecho hostil a propósito porque justifica la memoria no es «conocimiento de la conducta», es literatura pasiva, contemplación. Moravia habría dicho «inserción decadente», pero no soy moravo, tampoco dacio.

Verse entre las manos un «novelón duro de autoficción implacable» es motivo de alegría, siempre que la alegría no sea breve y se acabe cuando el autor te la vende como: «He llegado a la condición de hombre maduro, he hecho que el narrador de la historia acepte la conciencia de la infancia como motor que le lleva a contar los últimos días del fracaso familiar y las consecuencias psicológicas —vistas a través de ensoñaciones— de quien ve en sí mismo cómo se pierde la inocencia en un mundo no apto para ilusos».[45] Es decir, en este caso, la alegría inicial que siempre da tener un novelón por leer se perdió cuando la teoría se convirtió en práctica y el temido íncipit desveló las intenciones: «La angustia me hundía en lo oscuro: entre un suspiro y otro

44 Una glosa en «Posdata: Elogio sentimental de la Bombay», Vázquez Montalbán [2025b:249]: «Si convertían sus experiencias, mistificadas o no por la memoria, en material poético, necesitaban el recurso del personaje-poeta como elemento distanciador, para evitar caer en la sinceridad y en la confesión, que casi nunca han hecho nada bueno por la literatura».

45 Es aconsejable una visita a *«le souvenir d'enfance»* de la mano de G. Perec [1975] para refrescar la capacidad de discriminación y darle al *souvenir* y al *«pourvenir»* el trato justo. Pavese, con los recuerdos de infancia de un tercero, fue capaz de crear *La luna y las fogatas* sin necesidad de recrear milimétricamente los suyos.

lamentaba y exhalaba lágrimas de miedo». Sí, no hay duda, se trata una dura prueba para la sinceridad y para los lectores de novelones decimonónicos, e incluso para los que creen que la literatura consiste en no hablar como los otros, sino como quiere el autor que hablen los que participan en ella. Flaubert recuerda lo difícil que es escribir lo que piensan los demás, traducir el yo de los otros a lenguaje literario sin que el autor tenga que acallarlo siempre bajo los gritos del yo:

> Te sorprendes a veces con mis cartas, me dices. Crees que están bien escritas. ¡Menuda galantería! En ellas escribo lo que pienso. Pero pensar por los demás como ellos hubieran pensado, y hacerlos hablar, ¡eso sí que es difícil! Hace poco, por ejemplo, acabo de mostrar, en un diálogo que gira en torno a la lluvia y al buen tiempo, a un individuo que debe ser al mismo tiempo un buen chico, algo común, un poco sinvergüenza y pretencioso.[46]

Leído Flaubert, se puede afirmar que la prosa del yo más convencional no es la creación de un lenguaje, es la recreación con un lenguaje prestado de una cotidianeidad (incluso léxica) ya dada y asentada (¿decadente?). Recuérdese en qué quedó Proust cuando no consiguió expresar la cotidianeidad a través de un lenguaje original y adecuado al objeto del

46 G. Flaubert, *Extraits…* [1963:151]. Se trata de una carta a Louise Colet fechada el 30 de septiembre de 1853, en plena redacción de *Madame Bovary.* En efecto, en el capítulo siete de la segunda parte, Rodolphe pasea en compañía de Emma Bovary. Flaubert acota la insulsa conversación con: «Emma se ruborizó. Él no terminó la frase. Y se puso a hablar del buen tiempo y del placer de caminar sobre la hierba. Habían vuelto a brotar algunas margaritas». Para ilustrar de qué calaña es Rodolphe, Flaubert le hace decir: «Estas delicadas margaritas —dijo— podrían servir de oráculo a todas las enamoradas del pueblo […] ¿Y si yo cogiera alguna? ¿Qué le parece?». En G. Flaubert, *Madame Bovary,* M. Armiño (tr.), Penguin Clásicos, Barcelona, 2015, p. 218.

ethos por exceso del sujeto rebosante de *pathos* e inexperiencia técnica.

Piénsese en qué sería la novela si la prosa fuera el relato fiel de los problemas léxicos que tiene con las pantuflas un personaje nacido de una persona incapaz de salir de lo que hoy se llama «zona de confort», zona que no se puede identificar con los molinos de viento o con el puente que lleva al castillo. A propósito, se puede recordar el famoso diálogo de Molière en *Le bourgeois gentilhomme* y pensar en el desasosiego de los profesores de escritura creativa cuando tienen que glosar frases de este tenor:

> MAÎTRE *Non, Monsieur: tout ce qui n'est point prose est vers; et tout ce qui n'est point vers est prose.*
>
> M. JOURDAIN *Et comme l'on parle qu'est-ce que c'est donc cela?*
>
> MAÎTRE *De la prose.*
>
> M. JOURDAIN *Quoi? Quand je dis: «Nicole, apportez-moi mes pantoufles, et me donnez mon bonnet de nuit», c'est de la prose?*
>
> MAÎTRE *Oui, Monsieur.*

No tener, pues, bien ajustada la distancia entre la expresión en prosa de la persona (ego) y la del personaje (si se trata de un *alter ego*) puede hacer que todo quede en un ego de andar por casa, y que la ficción no sea sino marear el ego, se quede en un ejercicio incapaz de analizar lo externo y aprender de él, dejarse ir en él. Es fácil descubrir estas carencias en las novelas del yo que parecen fallidas. Es fácil descubrirlo porque la teoría es muy clara y reveladora, y la práctica chapucera le da la razón a aquella:

> La realidad es primariamente lo que nosotros creamos, no lo que contemplamos. Es más importante saber cómo construir un mundo

> humano que saber cómo estudiar un mundo no humano [Frye 1973:77].

El absorber únicamente el mundo y acomodarlo al autor es un defecto que comparte la autoficción con la llamada novela de formación si la entendemos como aquella en la que el personaje (más si identificado con el autor) solo recibe información y no da nada a cambio, no interactúa. Dicho sin metáforas, el personaje es un pazguato en una realidad fingida, habla del tiempo cuando en realidad quiere seducir a alguien y no sabe colocarse en el mundo porque no sabe crearlo, solo interiorizarlo y construirlo a expensas del influjo externo. Tampoco sabe plasmarlo con más de un nivel de expresión, y no es necesario que deba considerarse un defecto; de hecho, los del departamento comercial consideran un logro *(lucrum)* que todos los personajes hablen como el autor, y melifluamente. Léase la reflexión de Walter Siti ante el megaéxito de Valérie Perrin:[47]

> «Si cada vez que pienso en ti brotara una flor, la tierra sería un inmenso jardín». La protagonista, Violette, es la autodidacta guardiana de un cementerio, que cuando relata en primera persona utiliza un lenguaje inverosímil y extraño a su nivel cultural; es el mismo lenguaje que usa Perrin cuando actúa como narradora omnisciente, y es el lenguaje de los otros personajes cuando les toca narrar: es el lenguaje de la literatura confortable [Siti 2021:197].

47 El libro de V. Perrin, *Changer l'eau des fleurs,* lo tradujo al castellano P. Pruneda Gozálvez y lo publicó Ediciones B en Barcelona en 2019, con esta aclaración: «Una novela esperanzadora, tierna y emotiva sobre la capacidad infinita de redención del amor. Más de 1.000.000 de ejemplares vendidos [¡!] en Francia y 500.000 en Italia». Ni que decirse tiene que la primera frase de la aclaración tiene algo del ungüento blanco sanchopanzesco que cito en § 1.1; la segunda, también.

§ V.2. Injertar el yo en la invención

¿Cómo queda injertado el sabor de lo «auto» en el tronco de la «ficción» en las novelas que nacen de la prosa del yo? Pocas veces se consigue gracias a un corte limpio, seco y reconocible dado a la invasiva presencia de la biografía para que se ajuste con precisión en el tronco ficticio que debería alimentar.

En principio, parece que a un género basado en la biografía le convenga una estructura paralela al tiempo. Por el contrario, los jóvenes ficcionadores prefieren demostrar que son capaces de dominar un género que combina pasado (auto) con futuro (ficción), y que por eso le conviene una estructura basada en la analepsis y en la prolepsis, es decir, en ir hacia adelante y hacia atrás en un arco temporal mal definido y confusionario.

El agarradero más a mano que tiene la prosista del yo para apuntar el pasado se llama nostalgia; en los personajes complejos que reclamaba Edith Wharton, evolución personal. Combinar bien la nostalgia y la evolución no es fácil. Wharton desaconsejaba a los escritores primerizos complicar las cosas y hacer autoficción con el futuro, pues a esto se le llama novela, y es cosa complicada de hacer, piénsese en Jane Austen, no en Care Santos. Es sorprendente lo mucho que cuesta encontrar novelas capaces de reducir la autoficción a una linealidad biográfica simple y creíble en la que después de pedir las pantuflas vengan las pantuflas, y no las cañas de pescar o los amarillos campos de girasol en un octubre albaceteño [*sic*]. Es habitual, viceversa, que el autor que nos dice que acaba de pedir que le traigan las zapatillas nos haga esperar y nos cuente que se ha encontrado con una madalena de la que debe desmigar la nostalgia y los quebrantos de ida y vuelta. Así, con la abusada técnica de la analepsis *(flashback),* la aspirante a Proust rompe la linealidad del relato y la paciencia del lector y hace que la madalena pase de excusa emotiva a personaje literario.

Se han hecho también endémicas las novelas en las que la estructura lineal que una vida exige se interrumpe continuamente con idas y venidas, con adelante y atrás, con una estructura taraceada para dar complejidad a algo que no la tiene o, la mayoría de las veces, no la necesita. Hay quien prefiere ponerse en guardia y proteger la editorial: «Si alguien escribe una historia y por esnobismo cultural la quiere complicar más de lo necesario, se lo desaconsejamos».[48]

De las muchas maneras que hay de complicar las cosas más de lo necesario me interesan dos: la que busca demostrar prestigio estructural y la que quiere presumir la abundante cultura que sin duda tienen los novelistas jóvenes. Son muchos los libros construidos en estilo puzle o *collage,* que nunca sé si es la técnica que utilizan los que no saben, o no quieren, contar la historia de manera lineal o el artificio de moda de los que quieren demostrar que una novela debe funcionar con el sistema *«tourbillon grande complication».* El estilo *tourbillon* consiste en hacer un reloj con muchos engranajes para conseguir demostrar que con muchos engranajes también se puede dar la hora exacta, exactamente como hacen los sencillísimos relojes digitales, pero después de haber complicado mucho la vida y los engranajes del lector. Es cierto que los mejores *tourbillones* pueden llegar a valer un potosí y que un chip en caja de plástico vale unos pocos euros, eso en el caso de que al *tourbillon* se dedique el relojero *tourbillon* y al chip

48 Así de claro hablan los mencionados editores de Bao Publishing, citado en C. Taglietti, *Risvolti*... [2019:85]: *«Se qualcuno sta creando una storia e per snobismo culturale la vuole complicare più del necessario glielo sconsigliamo».*

la máquina serial que los hace, y no al contrario y nos vendan por un potosí un plástico con un chip. Según las cuartas de cubierta que escriben los editores, no hay novelista que no sea experto en *tourbillon.*

Una práctica aún más común, y más peligrosa, es la de jugar alocadamente a la historia compleja llena de recovecos y de cambios de estilo, hacer que algo tan sencillo como una historia avance en mareante zigzag, que es la «estructura a bandazos» que le sale al narrador inexperto cuando quiere comunicar un *flashback* a ultranza.

¿Dónde ha quedado aquello de las artes y la literatura como «estilización de la conducta»? [Frye 1973:69]. En el mundo anglosajón, la estilización puede entenderse como sentido de la elegancia, y hasta de la discreción, como no tener que demostrar lo obvio. Viene a cuento de algo que parece habitual en los aspirantes a «éditos» y que tiene relación con justificar la cultura libresca en una novela. En las modernas novelas del yo es frecuente que el autor o la autora quieran demostrar vida lectora y don de gentes; según se mire, lo que hacen es ostentar una conducta prestada y, en el mejor de los casos, han contribuido a crear un nuevo género literario: los agradecimientos al final de la novela.

Hay autores que se empeñan en decir que los protagonistas, ellos y ellas, leen muchísimo, que son tan ilustrados como los protagonistas de *2666* y otras novelas modernas: todos leen al padre Brown, a Eco, a Ernaux, a Shaw, a Brontë; aunque no venga a cuento, el protagonista (el autor) suele acabar sentado en un café chic con un libro en las manos: ¿que hay que purgar un error?, libro de Sartre; ¿que hay que demostrar capacidad medieval y universitaria?, *El nombre de la rosa;* ¿que hay que liarla parda y ser muy poeta matador?, pues unos detectives salvajes; ¿que si verdes las han segado?,

Le blé en herbe; ¿que si vivir así es morir de amor?, cien novelas ambientadas en la campiña inglesa. Los autores-personajes han leído tanto y saben tanto de literatura que cuesta mucho entender por qué escriben tan alejados de los modelos que parecen conocer al dedillo. No hay nada malo en saber qué libros leían Emma Bovary, Alonso Quijano o las damas de Sussex en 1830, pues de este modo se conocen los efectos de abusar de *Paul et Virginie,* de *Las gloriosas hazañas de caballero medieval Esplanmor* o de *Pedigrí y vergüenza.* A veces, el autor se convierte en protagonista para decirnos los libros que lee y para insistir en que los libros que lee debemos interpretarlos como rasgos del carácter que quiere mostrar como personaje.[49]

Cabe preguntarse si el desajuste entre lo mucho que dice haber leído el protagonista-autor y lo que nos deja escrito el autor-protagonista no se deberá a que ambos han practicado

49 Excurso profesional. En una propuesta editorial que nos remitió una conocida agente literaria se decía que el original tenía ecos vivísimos de Marías, García Márquez, Monty Python, Martin Amis y Fellini y que la autora se inspiraba en Vallejo [¿César?], Ernaux, Piglia y Roth. Inmediatamente me hice la pregunta más normal: de ser así, ¿para qué necesitará la opinión de unos pelagatos como nosotros? Una respuesta posible es que se trataba de influencias de pacotilla, farfolla vestida de tarjeta de presentación. Es práctica habitual desde siempre, pero siempre ha habido clases. Desde Horacio a esta parte la propaganda ha mejorado mucho, pero el «arte alusivo» no. *Cfr.* G. Pasquali, «Arte alusiva» [1942], luego publicado en *Stravaganze quarte e supreme,* Neri Pozza, Venecia, 1951, pp. 11-20. Para el latinista Mario Citroni, el artículo de Pasquali demuestra que una cita suelta es una reducción del «arte alusivo», pues insertar recuerdos de otros autores debería tener una función «grandiosa y original: en literatura [...] aludir a otro texto significa hacer que se encuentren, o choquen, dos mundos, dos sensibilidades, dos épocas diferentes y que ello provoque en el lector efectos poderosamente sugerentes, de extrañamiento y de vértigo», en M. Citroni, «Lirica intertestuale: un moderno a Roma», *Alias domenica, Il manifesto,* 25 de agosto de 2024, p. 6. Pasquali, p. 20: *«L'allusione non è soltanto un giuoco di società in voga in consorterie di letterati».*

el equivalente literario del toreo de salón y han hecho lecturas de salón. De haber leído con ánimo analítico los libros con los que llenan las autoficciones quizá hubieran aprendido a establecer jerarquías entre personajes, entre ambientes, no dirían las cosas que dicen del extrarradio madrileño o de los campos de Canadá… No digo que leer a Nancy Mitford te haga escritor angloexperto, pero enseña, por simple ósmosis, cuáles son los rudimentos. No me creo que el personaje-autor que se declara cultureta haya leído todas esas novelas góticas inglesas y luego no sepa cómo se expresa un aristócrata con el criado y cuál es el único *character* que le está reservado al siervo (a no ser que el criado sea un infiltrado de un *trade union* de Mánchester en la campiña de Sussex). A menos que uno quiera crear, precisamente y despiste de por medio, un arriesgado híbrido mitad abadía medieval y mitad *abbey.* Para la glosa recurro a Walter Siti [2021:196]:

> Puedes darle al lector la ilusión sentimental de que participa de esta aura de belleza, hacer que se sienta capaz e inteligente; basta recurrir a un estilo que pretende ser elevado, rico en citas, con metáforas sorprendentes, pero no desconcertantes, con ingeniosas invenciones gráficas… Un estilo íntimamente doloroso, pero alegre y brillante, sutilmente anárquico e individualista, polémico pero impregnado del polvo dorado que recubre la poesía. Es el lado «literario chic» del neo compromiso cultural.

Volvamos a la provocación de la mano del escritor misántropo a propósito de lo chic en la prosa de hoy: «La cultura es algo inútil y dañoso para quien no tiene ideas propias» [Morselli 1998:35]. Glosa inmediata, desde la dudosa autoridad que concede la lectura de muchas novelas de autores noveles: la literatura es dañosa para el que no tiene ideas propias o solo tiene una, la que quiere recuperar o forjar de sí mismo. Sin ideas, o con ideas calcadas de un comportamiento descontado (determinado), se produce cultura-literatura reducida, pacata, limitada y acomodada, como si el «nos unen más las costumbres que las ideas» [*ibidem,* 39] quisiera decir no te arriesgues a proponer nuevas ideas no vaya a ser que te arrojen del grupo, «haz escritura de cabotaje, invéntate la literatura homeopática, la que mete una dosis ridícula de creación en un excipiente exagerado y recubierto por el yo». Morselli no necesita que nadie salga en defensa de las *boutades* que escribió. Con todo, conviene saber que la expresión sobre el daño que puede provocar la cultura aparece en Heráclito, Aristóteles, Cicerón, Locke y en el socorrido «A little learning is a dangerous thing» de Pope que glosa Walter Siti [2021:56]:

> Visto que soy un retrógrado pedante, me puedo permitir citar a Alexander Pope y el *Ensayo sobre la crítica* (1711). En especial el párrafo en que aconseja o beber profundamente de la fuente de las musas o ni probarla, porque pequeños sorbos intoxican el cerebro: *«Shallow draughts intoxicate the brain».*

Una peculiaridad de la actual prosa del yo es que parece escrita con el freno de mano echado. Sí, como si el miedo dosificara la aparición de lo que da origen a la autoficción: presentar el yo a tumba abierta. Sí, como si se tratara de una invasión llevada a cabo con la intención de no hacer daño en el territorio invadido. Si el circular frenado lo aconsejara la elaboración literaria, el libro podría llegar más lejos. Es comprobable que se circula frenado por miedo a salirse del estrecho carril de los intereses editoriales: el miedo se refugia en la forma de personajes que calcan las costumbres del autor y suelen respetar al lector; dicho de otro modo, al autor o a la autora les importa lo que los editores esperan de él o ella. Para no hacer daño, el miedo preventivo utiliza mil lugares comunes y reconocibles, y eso ayuda a que los lectores magnifiquen el valor de la empatía entendida como «el libro me habla a mí con un lenguaje que reconozco y unos valores que me tranquilizan». Para muchos, la empatía en literatura (más aún para un historiador) es un molde demasiado cerrado y no deja espacio libre a la creación arriesgada. Para otros, la empatía en la vida civil es un valor añadido,[50] aunque Carlo Ginzburg aseguraba que el historiador no puede abrazarla porque podría llegar a cambiar las conclusiones, o incluso la idea que se tiene de un sujeto. Mientras un autor, o una autora, dependa de la nota de su profesor (o profesora) en la escuela de escritura de pago y de los corazoncitos de Instagram será difícil que volvamos a leer un libro como *Los viajes de Gulliver* (1726) o *La fea burguesía* (1982). En el caso de Swift porque se trata del «libro más cruel jamás escrito [...] en el que se nos muestran y critican todas las actividades sociales del hombre: el ejército, la política, la marina, la corte, la economía, la guerra y la paz, las luchas religiosas y hasta el urbanismo».[51]

Dicho de otro modo, cuando faltan ideas rompedoras se buscan agarraderos sólidos y colocados por doquier, pero la

50 C. Benedetti, en *La letteratura...* [2021:5], resume: «*Nel dibattito contemporaneo l'empatia è diventata il fulcro di numerose riflessioni sull'etica che prendono spunto anche dai nuovi risultati sperimentali delle neuroscienze. L'assunto che le accomuna è che l'empatia nell'uomo è un fenomeno primario, non solo culturale ma, secondo alcuni studiosi, anche inscritto nel nostro corredo genetico, che si può persino riscontrare in altre specie animali. L'empatia, che favorisce il legame sociale, viene esaltata per il suo indubbio ruolo benefico in una società democratica e multietnica, fondata sulla cooperazione e sul rispetto dell'altro*».

51 G. Tomasi di Lampedusa, «Swift», en *Opere,* G. Lanza Tomasi y N. Polo (eds.), Arnoldo Mondadori-I Meridiani, Milán, 1995, p. 835.

novela no es un ensayo, y en el caso de que tuviera intenciones disolventes tampoco necesitaría autoridades: Swift no pone notas a pie de página cuando explica cómo se vive en Liliput. A la novela le conviene demostrar que el yo es fuerte, o que se puede defender a ultranza con una prosa literaria en el caso de que sea débil; es conveniente demostrar qué se sabe hacer si se pisa el terreno resbaladizo que son las ideas, las ambiciones, el romper con el cómo nos miran. El tópico que describe lo paralizante que es la prosa del yo tejida solo con la memoria afirma que es más fácil tener memoria que ideas, y que por eso se escriben recuerdos y no invenciones. Lo de «es más fácil tener recuerdos que ideas» es de Cioran [2020:143], con la advertencia, o rendición, de que si el autor no puede hablar de sí mismo es posible que deba dejar de hablar:

> Solo eres escritor mientras estás ávido de hablar de ti mismo. Cuando te cansas de ello, estás a puntísimo de abandonar la pluma. No hay que tomar demasiadas distancias con las propias sensaciones. Corremos el riesgo, si nos alejamos demasiado, de no interesarnos ya lo más mínimo por ellas [*ibidem,* 273].

Como de todo se puede tener más de una opinión, Pavese contradijo la anterior el 19 de septiembre de 1938: «Los hombres que tienen una tempestuosa vida interior y no buscan desahogo o en la conversación o en la escritura son, simplemente, hombres que no tienen una tempestuosa vida interior».

§ v.3. El orgullo de la sinceridad

Si no como fundacional para lo que hoy es novela psicológica (o psicoanalítica), he tomado el texto de Berto como importante para algo que algunos echan en falta en las autoficciones: la profundidad y la sinceridad. De hecho, si comparamos la vida de Berto con las peripecias de la novela, el Berto real es un mentiroso convulso y asqueroso. Si comparamos lo que dice el personaje con lo que siente y con cómo obra, la sinceridad es arrolladora y dolorosa. Por eso no se trata de reflexionar acerca de la sinceridad que se basa en poder identificar al personaje con el autor y en qué medida este dice la verdad y se puede comprobar con ejemplos sacados de su vida y hechos, sino de reconocer algo tan difícil de valorar como la sinceridad literaria. Entiéndase el gozar la sensación de confiada libertad que experimenta el lector cuando se pone en manos del literato que demuestra seguridad y pericia y, a sabiendas de que te tortura o te lleva por caminos que no quisieras emprender, de que te repele o te extasía, te crees todos los sentimientos que te provoca porque está seguro, porque así lo demuestra la soltura literaria con la que se maneja, de que no se habla a sí mismo desde no se sabe qué voluntad, sitio, ambición, vanidad y necesidad de retroalimentación.

Como lector que intenta saber cómo y por qué está escrita la obra que le han puesto delante, y lo que cuenta, me gusta saber con quién me estoy jugando los cuartos. Sea un malasombra como Dostoyevski, una acomplejada como Brontë, una mística como Teresa de Ávila, un marginal como Lautréamont, un pesado como Javier Marías, una elegante y satírica nostálgica como Nancy Mitford, un detallista a ultranza como el Mujica Láinez de *Bomarzo,* un desconocido, hábil y tierno joven o una desconocida con la fuerza propia de una prosa cautivadora con una irresistible vocación literaria… quiero saber quién tiene la «propiedad literaria» de lo que me están contando.

Dicho de otro modo, quiero saber si quien se basa en sí mismo para inventarse a sí mismo lo hace porque como es más fácil tener recuerdos que ideas es incapaz de fabricarlas y se entrega plácidamente a lo manido; no me apetece dedicarle tiempo a alguien que cree que hacer algo blando le proporcionará el reconocimiento de los blandos, menos aún me apetece dedicarle tiempo si del desinterés que demuestra por el hecho literario intuyo que un aplauso así es el único que busca.

Tras leer novelas a manta creo intuir que el hecho editorial ha sustituido en muchos jóvenes al hecho literario. Creo intuir que a quienes no tienen una tormentosa vida interior les es más fácil escribir bajo el dictado de los ojos (del álbum de fotos) que hacerlo bajo la exigencia de la imaginación (del mundo que tenemos por delante y está por venir).

He podido comprobar que, desde el punto de vista novelístico, los recuerdos reales son poco rentables, porque se acaban (incluso a Proust); viceversa, las ideas son infinitas, pero cuestan trabajo, por eso tener propiedad literaria sobre lo inventado me parece un valor añadido. Puede suceder que las ideas superen a los recuerdos pero que, sencillamente, en el libro queden plasmadas de manera zaborrera, no se aprecie una habilidad especial para presentarlas y el autor, o la autora, necesite el cuaderno pautado del álbum de fotos, del diario juvenil, de la agenda laboral, de los apuntes de las desgracias para apoyar lo que quiere decir con entusiasmo fingido.

Lo de la sinceridad, lo de saber a ciencia cierta con quién te estás jugando los cuartos y hasta dónde llega la capacidad de novelar del aspirante a escritor es una preocupación de muchos estudiosos, sean fanáticos o detractores de la autoficción. Hace muchos años que es también preocupación del lector, pues si desde Homero hasta hoy todo se ha perfeccionado excepto la poesía, desde que a alguien se le ocurrió contar lo que le pasaba, y no cómo se las arreglaba Epaminondas con sus subalternos o el recorrido de las almas transubstanciadas, cuando «nos las tenemos con ficciones autobiográficas», conviene recordar que uno de sus «asuntos esenciales es justamente mostrar la conversión del protagonista en escritor, justificar la perspectiva del pícaro en tanto narrador (vale decir, novelizar el punto de vista)» [Rico 2000:10-11]. Lo que me interesa aquí de tan sesuda sentencia, aparte lamentar que no se haya convertido en reflexión fundamental en los narradores desde 1970, es el acto de «novelizar» porque lo interpreto como gesto intelectual, creativo y producto de trabajos y capacidades, no como folklore de redes sociales o memoria no esmerada.[52]

La naturaleza nos da el habla y la capacidad de comunicación, pero no el conocimiento de la gramática ni la capacidad de expresión literaria. Del mismo modo, el tiempo nos da recuerdos, pero las ideas son un bien elaborado, no un bien recibido: el hecho de mezclar aquellos con «forma y condiciones de novela» no debe responder a deseos aleatorios o puntuales, requiere industria. Lo de saber «mostrar la conversión del protagonista en escritor» es de primero de narrador, y requiere, también, saberes que se exigían ya en los orígenes de la novela y que echaba en falta Javier Marías en la famosa: «En literatura todos hemos sido intrusos. Ahora bien, como todo el mundo sabe leer y escribir, todo el mundo cree que puede escribir una novela» [Constenla 2017]. No digo que uno no deba empezar a escribir una novela sin antes haber leído los

52 Es de agradecerle al profesor Rico que utilizase «novelizar» y no «novelar», pues si se hubiera servido de esta palabra podría haber dado al traste con la ambición de quienes aspiran a dejar seria constancia de sí. Los desalentaría verse censados entre los que «cuentan, publican cuentos y patrañas» o se dedican a la «invención urdida con la intención de engañar», y aquí seguiríamos sin resolver lo del valor de la sinceridad del narrador convertido en protagonista.

cuatro volúmenes de Menéndez y Pelayo sobre el origen del género o el seminal tratado de García Gual, no estoy confundiendo al novelista con un historiador de la literatura ni, mucho menos, con un teórico de la literatura. Con todo, los defensores anglosajones de la lectura atenta consideran que es necesario conocer los rudimentos de una disciplina para «disfrutarla realmente» cuando se practica:

> ¿Hasta qué punto disfrutamos «realmente» de algo que no entendemos muy bien? Por ejemplo, del deporte o de la música (¡y Wordsworth sin duda sabía de poesía!). Por lo general, necesitamos conocer las «reglas» del deporte o entender la «clase» de música para apreciarla, y disfrutar lo que hacemos tiende a llevarnos a comprender más, digamos, sobre la tradición y el contexto; incluso a tener conocimientos competentes.

Como la teoría del *close reading* se centra en «escritores atentos», de Wordsworth para arriba, para lo que nos ocupa sería suficiente con que el novel tuviera claro qué quiere escribir, que no le bastase con querer escribir para poder decir en las redes sociales que es novelista, y con que no se enfade cuando el editor le dice:

> Pero ¿qué te pasa? ¿Enfadarte por un original rechazado? Pero ¿cómo se te ocurre? Fracasados son esos pobres a los que un editor demasiado indulgente —y en la conciencia cargamos algunos, por desgracia— han publicado primeros libros, gracias a la felicidad que en cierta medida hay siempre en los primeros libros, y luego no han sabido continuar y han visto que la crítica los ninguneaba, que el público se olvidaba de ellos…[53]

53 I. Calvino, *I libri degli altri* [2022:134]; en *Los libros de los otros* [2014:91-92]. Carta del 7 de agosto de 1954 a Mario Ortolani. Vittorini, en este caso, opinaba

¿Por qué la cuestión de la sinceridad puede llegar a escarmentar al lector cuando se adivina que un autor quiere dorar la píldora de su vida con ficciones novelescas? En mi caso, porque me vacuné para toda la vida contra la insinceridad. Tuve que leerme y estudiar en su día uno de los textos que fundaron el género del engaño. Erasmo de Rotterdam escribió una extensa autobiografía intelectual a petición, dijo, de su amigo Johannes von Botzheim; la firmó el 30 de enero de 1523. No entraré en los detalles verificables de la carta (auto-) ni en los juicios opinables contra su tiempo y su gente (ficción). Lo que me puso sobre aviso fue que, al principio de la extensa carta, Erasmo le dice a Botzheim que lo que le ha pedido es un catálogo de sus obras, no una apología, por lo que intentará atenerse a las obras y a los hechos, no a los sentimientos. Por razones que he estudiado en otro sitio puedo afirmar que Erasmo le envía a su amigo una apología cuando habla de sí y una ficción cuando se debe medir, comparar o relacionar con los demás. Todo ello con un tono de *self-deprecation* y de justificación (apostólica) que le dejaba las manos libres para disparar contra todo aquel que no entrara en su idea de realidad y de relación vital. En una palabra, Erasmo disfraza la autobiografía o catálogo de ficción histórica, de guerra abierta, de muchas ansias; miente. El híbrido de 1523 pondrá en embarazo a quien haya seguido la carrera del humanista y no se crea la biografía que hace Zweig (un ejemplo de excusa política y literaria apoyado en la piel de otro).[54] A la

que la obra de Ortolani estaba escrita con un estilo (trivial y preciosista) que «a mí me ha hinchado siempre las pelotas», *ibidem.*

54 Quien quiera comprobar el parecer, acuda al fragmento en el que se cuenta la relación entre U. von Hutten y Erasmo según la entiende S. Zweig, *Triunfo...* [1937], en la irreal cuasi hagiografía que hace del humanista holandés. La carta de 1523-1524 de Erasmo a Botzheim se puede leer en Allen, *Opus...* [1909:1-46].

mentira le cuesta poco crear escuela, y recuérdese que hablo no de la simple voluntad de no querer contar la verdad, sino de poner el gusanillo de la duda en el lector. Injertar la duda sobre cuál podrá ser la razón para mezclarlo todo en el caldero de la prosa del yo y confundirlo en una mezcla literaria o histórico-biográfica hace que el árbol acabe borde. Otros son más claros, y siempre es de agradecer:

> Pero Benvenuto Cellini, un buen día [hacia 1560], se pone a escribir su vida y miente. Ven ustedes aquí también que la autobiografía es una forma novelesca. Un señor quiere contar la vida de otro que acaba de inventar y utiliza la forma autobiográfica [...]. Hasta tal punto los procedimientos narrativos son comunes a la realidad y a la ficción que la más importante de las novelas que se han escrito hasta ahora, el *Quijote,* insiste constantemente en el hecho de que es una historia verdadera, de que es «una puntual historia» [Torrente Ballester 2017:22].

He aquí expresada claramente la diferencia entre la mentira literaria y la personal. Nadie se cree que Alonso Quijano exista, por mucho que las aventuras por las que pasa las cuente «una puntual historia», ni que el artilugio literario etiquetado Cide Hamete sea el arranque de la *tranche de vie* de Quijano. Si una historia así estuviera contada en primera persona y, como el Lazarillo, dijera, más o menos, «Vuestra merced "me" pide que le cuente por extenso y desde el principio lo que me sucedió en aquel lugar de La Mancha de cuyo nombre no sabría acordarme y los casos que me llevaron a la compañía de Sancho...», bastaría con un simple detalle para que al lector avisado se le tambaleara el «principio de realidad suficiente» [*ibidem,* 25].

Si Erasmo me convirtió en un descreído literario y «ficcional» fue porque las mezclas hay que saber hacerlas y no utilizar un valor para, de tapadillo, vender otro; esto se llama fingimiento, que está muy bien cuando quiero que me finjan (más sobre el fingimiento y sobre el engaño editorial erasmiano en § VIII y, al acabar, § XI.2).

El lector no es nadie para decir que una vida es falsa, pero en el caso de la auto-bio-ficción de Erasmo puede decir de él que cuanto dice es contradictorio, y que ser contradictoria no es lo mejor que se le puede decir a una autobiografía y, por ende, cuando uno la ofrece como modelo de comportamiento literario, a la autoficción. La contradicción que hay entre la biografía, la autobiografía de Erasmo y las cartas que escribió sirve para minar, de una vez por todas, la confianza en todo lo «auto». Minar la base de la confesión, esto es, la sinceridad, siembra la duda y, en consecuencia, el lector empieza a pensar que el autor tiende al despiste, a la publicidad, o a apelar a sentimientos como la empatía o el perdón, o a las circunstancias, apelaciones que un lector puede estar dispuesto a compartir con un personaje, pero que no está obligado a hacer con un autor. Sí, he dicho las circunstancias, que en la novela son algo inapelable; por el contario, en la autoficción mal gestionada se han convertido en un malvado personaje que atosiga.

La sinceridad de lo contado en la autoficción, la veracidad de lo no inventado y del punto de vista con el que se narra, las pone en duda el trasvase de actitudes que se aprecian en el *cyber-soi.* Ver que el escritor obra así en un mundo en que todo está supeditado a la necesidad de aparecer, a que el escritor joven tenga ganas de aparecer, de decir, de contrastarse, de confrontarse, de aparentar, de hacer informes de sí mismo, de medirse consigo mismo con el baremo del número que le dan los otros, de medirse con los otros, hace pensar que serían capaces de todo por conseguir algo tan vacuo como publicar un libro, como también era obsesión del joven Erasmo. No parecen actitudes loables, porque al no haber detrás una fuente de autoridad reconocible y creíble, el fingimiento puede ser solo necesidad, a cualquier precio, de asaltar el caballo ganador. A veces, el joven escritor cree que el caballo ganador es el que tiene más cerca.

> Fingir que se tienen muchos amigos, fingir que somos alguien que sabemos no ser, son opciones dictadas por los ámbitos digitales que se transforman en verdaderos talentos. Son la constancia, más o menos silenciada, de una soledad que se propaga en nuevas y muchas direcciones y acaban en lo escrito [Mantellini 2023:43].

Piénsese, pues, en cuántas novelas escritas para llenar la prosa con el yo del autor se muestra una ficción ridícula (familiar, reducida, escolar, grupal) porque pretende escapar de la soledad (real y literaria) y no acepta que se le vaya por un camino diferente al de la literatura, aunque para ello tenga que fingir que puede convertirse en un personaje interesante. ¿Quién no ha querido sentirse «abandonador» cuando, en realidad, ha sido abandonado? ¿Quién no censura su vocabulario con la intención de cancelar lo odioso, lo que se quiere evitar? ¿Quién no es un eterno adolescente del tipo Calimero en busca de un detergente que lo integre en el grupo? ¿Quién no se hace pajas mentales, y de las otras? ¿Quién no detesta pensar que es únicamente la correa de transmisión entre una paternidad y otra? ¿Quién no ha querido tocar la guitarra para fomentar la autoestima? ¿Quién no desea una compañera a la que llamar «mi amiga del alma»? Las respuestas están en las alforjas del caballo ganador que es mentir los pecados y tergiversar las respuestas para que alguien te preste atención. ¿Qué valor tiene la sinceridad en un mundo en el que todos, escritores de un número limitado de caracteres o escritoras prolijas, tienen la necesidad —y es pasión enfermiza— de ser escuchados?

§ VI. ¿Qué me estás contando si ni siquiera sé quién eres?

Cuando un personaje novelesco se da a conocer, y se defiende desde un lugar inadecuado, lo que hace puede llamar a engaño al lector. Cuando un autor que todavía no ha conseguido manejar las herramientas literarias adecuadas para acabar convertido en personaje no sabe desde dónde mostrarse, se llama a engaño y pone en un compromiso al editor. Si el escritor novel escribe, convencido, apoyado en los cimientos de su género literario preferido, si trasmite la adolescente seguridad al original que envía, y así lo vende, apostillo que el editor lo va a leer y a juzgar apoyado en otros cimientos y sentado en un sillón en el que la hipertrofia del yo adolescente causa más recelos que adhesiones.

> *Lucien ne reconnut pas sa Louise dans cette chambre froide, sans soleil,* à *rideaux passés, dont le carreau frotté semblait misérable,* où *le meuble* était usé, *de mauvais goût, vieux ou d'occasion. Il est en effet certaines personnes qui n'ont plus ni le même aspect ni la même valeur, une fois séparées des figures, des choses, des lieux qui leur servent de cadre. Les physionomies vivantes ont une sorte d'atmosphère qui leur est propre, comme le clair-obscur des tableaux flamands est nécessaire* à *la vie des figures qu'y a placées le génie des peintres.*[55]

En el verano de 2022 apareció una novela en la que la autora reconocía que la protagonista reconocía, a su vez, que todo lo

55 H. de Balzac, *Las ilusiones perdidas,* 2.1, provincias. Lo dejo en francés a propósito.

que la había movido a viajar, a hacerse una experta en nostalgia (propia y ajena), a desdibujar las marcas de los cuadernos de la infancia, a adentrarse en aventuras desconocidas que no llevan sino a ver en uno mismo, apenas, el reflejo de millones de seres semejantes, a ver en la respuesta al amor el deseo de sentirse viva en más de un lugar..., lo que había movido a la protagonista a todo eso, decía, era la voluntad de «escribir una novela». Lo curioso es que la autora se creyó la voluntad de la protagonista, y le dio cuerda. Dejemos de lado la originalidad o la falta de originalidad del asunto. Mediada la novela, cuando la autora se le había comido ya todo el terreno a la protagonista y no sabía a qué atenerme (sería mejor decir «a quién» atenerme), recordé una expresión de una autora, la famosa pregunta de Nathalie Sarraute: *«Qui dit ça?»*. La citan muchos estudios dedicados a la teoría literaria, y reza:

> *Aussi, dès que le romancier essaie de les décrire* [los estados complejos] *sans révéler sa présence, il lui semble entendre le lecteur, pareil à cet enfant à qui sa mère lisait pour la première fois une histoire, l'arrêter en demandant: «Qui dit ça?».*

Esta especie de «¿quién anda?» o «¿quién habla?» literario [Marías 1990], esta duda que acecha desde 1956, cuando los novelistas se planteaban en qué iba a acabar un género que debía luchar con la transparencia del cine y los personajes «vivos y a la vista de todos» [Laurens 2010:43], da pie a la saturada incomodidad reciente, de 2022 y a la sazón incontestable, que da Anna Caballé:

> Lo que nos hemos acostumbrado a llamar autoficción comenzó a declinar como consecuencia de la indefinición del género. El personaje que narra, ¿es o no es el autor? Y esto genera cierta incomodidad.

No se puede decir mejor. Saber si quien habla en las novelas de pacotilla es un yo, un él o un ella o el politburó me parece, desde el punto de vista literario, como discutir *de lana caprina, marketing* académico agostado. Cuando la fingida omnisciencia de la tercera persona es igual a cero, da lo mismo en qué lado de la narración esté, pues el resultado de multiplicar vida tonta que vale cero por ambición literaria será cero: si no se sabe contar o lo que se cuenta es una estupidez, en estupidez se queda, lo cuente yo, personaje intérprete, o lo cuente él, sabelotodo. Si le damos la vuelta, tendremos una tortilla con tres lados, una rareza. Añádase a los dos lados anteriores que una estupidez mal contada es doble estupidez y que una buena historia reducida a estupidez por incapacidad del narrador concentrado es, en sí, signo de impericia literaria, que es casi tan grave como la estupidez. La estupidez, como la verdad, es opinable, por supuesto, pero como es más fácil de reconocer que la verdad, cualquiera puede adivinarla y alejarse de ella sin remordimientos.

Si la novela es un tipo de narración que desconoce lo que sucederá, ponerle como narrador en primera persona a alguien que sabe lo que sucederá es confundir los términos, como dice Caballé. No pasa nada si el lector reconoce en la primera página que tiene delante un artilugio literario que exige un acto de fe, el narrador omnisciente: adivinará que quien cuenta la historia sabe los pormenores y sabe también cómo acabará, y se entrega ciegamente a él y lo que le interesa del final es poder imaginárselo —consciente de que puede engañarse o ser llevado a engaño, y regodearse de ello— muchas veces a medida que la peripecia narrativa lo lleva por unos u otros caminos. Por el contrario, si quien lo sabe todo es el autoficcionado, se crea un conflicto de intereses, o un cruce de planos que puede acabar en confusión. La razón es casi teológica, predialéctica: no puedes decir que te confiesas cuando ya sabes qué penitencia te vas a poner. No debemos confundir la confusión mental y la indeterminación estructural con el punto ciego del que habla Javier Cercas: aquellas son indeseadas, este es un recurso narrativo buscado, exigente y tenido por bueno. Si como lector sé que el autobiografiado que se esconde en la ficción sabe lo que va a pasar, le quita valor a la verosimilitud de la invención, me agua la fiesta y me previene ante el riesgo de que aquello sea un poner el burro delante para que no se espante. Cercas recuerda la metáfora para otra cuestión, pero sirve aquí para describir los límites de la biografía en la peripecia novelesca: encender una cerilla en la impenetrable oscuridad permite ver la oscuridad, tener conciencia de ella, pero hace pensar que la cerilla tiene un halo de luz reducido, que la puedes mover, pero que apartarla supone dejar a oscuras la zona que antes iluminaba [Cercas 2016:73].

Sería más conveniente, para que los libros llenos de yo a ultranza tuvieran aspecto literario —y no parecieran un cuaderno de apuntes sacados de cursos de escritura creativa, creación sin alma—, que el autoficcionador estuviera atento a otra cosa: a la desenvoltura en el contar, a que el aparecer a toda costa no lastrara las peripecias. En el narrador omnisciente, la desenvoltura viene de fábrica y lo importante es limitarla. El omnisciente debe decir continuamente «so» a la historia; en cambio, el autoficcionador acarreador de una vida que sabe cómo es, pero se obstina en decir que no sabe cómo plasmará de aquí a veinte páginas, debe decir continuamente «arre». El lector avisado adivina que la narración va a trompicones, porque el asno renquea bajo un peso excesivo y rebuzna por culpa de los golpes que recibe para que no se detenga.

La autoficción juvenil ha acabado por parecerme, en más casos de los deseados, cosa de laboratorio. Avanza poco a poco, a tientas, no fluye, no da un paso sin antes haber anclado el anterior a explicaciones redundantes. Manda en ellos querer «hacer la gran epopeya moderna» con un Ulises cojo y sin fuerza en los brazos para tensar un arco que solo él puede tensar.

Es también cosa de laboratorio porque se hace con ella taxonomía positiva (¿positivista?), autocomplaciente, exculpatoria, descriptiva, de fácil reconocimiento, endulzante búsqueda de sí mismo. Cuando uno no se ha perdido y se obstina en decir que anda en su busca, intuyo que solo se quiere mostrar. No es lo mismo perderse en el Mediterráneo tras ganar Troya que desorientarse en los pasillos del instituto, en los del juzgado donde vas a firmar el divorcio o en el despacho donde unos editores tiranos te someten a cientos de kilos de farfolla. Bueno, lo de los pasillos del juzgado Kafka lo haría muy bien, y lo de los kilos de farfolla papelera es posible que Melville lo bordara. ¿Se imaginan la historia de Bartleby contada en setecientas páginas?

La literatura que desconoce los rudimentos de la escritura, pero que se ciñe arneses fabricados a medida en laboratorios paraliterarios, me genera una duda: no se trata solo del problema de saber quién narra, sino también de si he de darle «credibilidad» a un personaje creado a la medida del desfogue que persigue, necesita e intenta el autor.

El personaje literario hecho a medida de los recuerdos del autor corre el riesgo de convertirse en un pelele a las órdenes de quien tiene una relación interesada con lo que se cuenta y lo que se contará. Si el personaje poliédrico es el más rentable literariamente, con la autoficción caemos en el riesgo de vender como prisma lo que es un espejo con una sola cara. El personaje novelesco que nace de un yo no literario es un espejo que refleja una imagen pactada y que, por regla general, ha aceptado no devolverla desfigurada, desviada, descompuesta o refractada. En la novela de verdad, el personaje poliédrico se cuestiona continuamente; viceversa, el personaje plano e infantil mayormente se justifica en sede inadecuada.

Concentrarse en el yo para insertarlo en las condiciones o circunstancias del yo y descuidar estas obliga a que el yo haga cosas propias del yo, pero que parezcan de otros, como si la primera persona estuviera obligada a cumplir y a pasar por todos los tópicos que viven las terceras personas. Es decir, confundir los planos puede dar la sensación de que todos los yoes son iguales porque la intención principal es salir en las novelas tras pagar un precio ridículo: todos tienen sexo [*sic*] del mismo modo, lloran del mismo modo, se sienten vejados por las mismas miserias, desilusionados ante las mismas ilusiones no alcanzadas..., divorciados por las mismas desavenencias conyugales, admirados por idénticos triunfos, desolados por despechos parecidos, leen el mismo tipo de literatura, por lo general en milimétrica identificación con lo que hacen; el católico nostálgico y dubitativo lee a Waugh, el amante de las correrías de frontera lee a Bolaño, el que no sabe ni ir ni venir y observa pájaros en una albufera lee a Franzen. Estos son los arneses hechos a medida, que son los que quieren llevar la mayoría de los autores para que no se les pueda incluir en la categoría de malditos o marginales. Los autores y las autoras se copian las penas, las lecturas, los bares en los que leen y los lloros que lloran; los autores y las autoras se roban las emociones; en todo esto se parecen a los editores, que también se copian entre ellos las portadas, las colecciones, las cuartas de cubierta y las tareas promocionales... y se roban los autores y las autoras que no creen que los contratos están por encima del «yo me mi-mo».

Sí, las autoras y los autores copiones son la constatación de un yo común en un mundo de tópicos que sirven tanto para la confesión literaria como para las pantallas en horario de máxima audiencia. Una vez más: si «los tópicos tienen virtudes paralizantes» en los críticos,[56] ¿que no causarán en los irreflexivos aspirantes a novelistas reseñados?

Escribir siempre sobre uno mismo te lo pueden considerar como el defecto propio de quien no tiene nada que decir sobre el prójimo, y entiéndase prójimo, también, como todo lo que está «próximo» y no necesariamente animado. Podrá parecer una banalidad más, semejante a las que me dejan clavado en el sillón de las ojeras, pero es una glosa paradójica del «escribir sobre el prójimo es reconocer que no se tiene nada que decir sobre uno mismo» [Cioran 2020:202]; como cita de autoridad, Cioran no es inapelable, pero ayuda a pensar o, al menos, «hace compañía», según Cercas.

Los jóvenes que ensayan con la autoficción me han enseñado a reducir a tres categorías la relación que tienen con el yo que son y con el yo que me presentan, como si el género del yo tuviera tres variantes: a) yo soy muy yo y mis circunstancias son las que son porque lo digo yo, b) yo soy yo y también las circunstancias que me invento en los demás para que arropen las mías, c) yo soy yo y necesito las circunstancias de los demás, pero tras pedir árnica. Dicho de la mano de una fuente de autoridad se podría parafrasear con «el flujo

56 Es un gusto repetirse cuando hacerlo sirve para recordar la cara que ponía el profesor Blecua cuando decía lo dicho y, luego, le quitaba importancia a la obsesión por publicar. «Recordemos aquí que ni Garcilaso, Cetina, Figueroa, Francisco de Aldana, fray Luis de León, san Juan de la Cruz, Góngora, los Argensolas, Quevedo, Villamediana, Rioja y otros muchos poetas vieron su obra impresa», J. M. Blecua Teijeiro, *Sobre el rigor…* [1977:11-13]. Nótese que no dice «… su propia obra…».

de la subjetividad tiene una velocidad diferente al flujo de la realidad, por eso desafinan cuando se ponen en contacto».

Y creo que aún hay espacio para una reducción más. Acabados de leer algunos libros modernos, parece —aunque a muchos les parecerá improbable— como si los jóvenes yoístas y las jóvenes narradoras se hubieran aprendido de memoria la *Morfología del cuento* [Propp 1981]. Recordada la morfología, insisten en que no importan los personajes con personalidad, ni las peripecias con peripatetismo, ni que la novela tenga un fin basado en un principio moral convincente. Lo que parece primar es representar una función, repetir un teatrillo en el que las tramas se suceden en fórmulas análogas y pacatas, como si temieran salirse de una estructura constante, repetitiva y triunfante por probada: una historieta de Astérix y Obélix no es reconocible sin banquete final. La morfología del cuento es la intelectualización teórica de la literatura de repertorio, y sería mirar para otro lado negar que ha triunfado. Homogenizado todo, inventariarlo es más fácil, y también lo es referirse a ello y publicitarlo, y hasta hacerlo propio, demostrar que no importa ignorar las normas del relato verosímil cuando el yo, además de ridículo, es inverosímil literariamente porque de literario no tiene sino las maniatadas fórmulas en las que se basa.

Segunda parte

ENSAYAR EL YO

El lector «debe» ser manipulado. Si esto no lo ayuda a vivir, pues peor para el lector.

W. Siti, *Contro l'impegno* [2021:60]

§ VII. Perecer de lectura

Cuaderno de ejercicios de un editor cualquiera[57]

Avanzada la lectura del ejercicio literario que es *El infinito en un junco*, la ensayista Irene Vallejo escribe acerca de un

57 El trabajo me obliga a seguir de cerca la literatura italiana del siglo XXI. Es una tradición en la que el género de los «pareceres de lectura» goza de una salud excelente. Véase M. Marchesini: *«Il genere della raccolta di pareri soddisfa alcune esigenze, non tutte commendevoli, del lettore iper-scolarizzato: il feticismo erudito da degustatore di ripescaggi, il senso di nostalgia per stagioni letterarie che ci sembrano migliori di quella presente, il nutrimento di quel professorino interiore che tutti abbiamo dentro —che approfitta dell'intelligenza di lettori eccezionali per confortare il proprio gusto e fustigare la banalità di quello altrui— e, infine, la risposta al desiderio, questo sì legittimo, di sentire parlare di libri in modo più libero, realistico e intellettualmente spregiudicato di quanto non si faccia in genere. Nei casi più fortunati, in libri così i lettori possono trovare quello che molta della critica contemporanea non sa più offrire»*, en *Il Mulino*, 21 de noviembre de 2024. Reseña de G. Pontiggia, *«Un libro che divorerei». Pareri di lettura,* D. Marcheschi (ed.), Palingenia, Venecia, 2024. Véase también F. Fortini, *Pareri editoriali per Einaudi,* Quodlibet, Macerata, 2024. Conviene citar dos clásicos más: *Centolettori. I pareri di lettura dei consulenti Einaudi. 1941-1991,* T. Munari (ed.), Einaudi, Turín, 2015 y G. Manganelli, *Estrosità rigorose di un consulente editoriale,* Adelphi, Milán, 2016.

manuscrito medieval con obras de Petrarca. Cuando el lector que ha comprado un libro premiado como ensayo piensa que alguien con la contrastada preparación de la autora le va a aclarar los problemas textuales, codicológicos, caligráficos y ecdóticos del códice y del texto, la autora interrumpe el ensayo para ahondar en el yo y a) decirnos que entonces se le vino a la mente la cuestión de los corderitos que eran necesarios para fabricar con pergamino un volumen de ese tamaño y b) para apostillar cuánto le afectó recordarlo.[58] No es un juicio de valor, es pura constatación de que la prosa del yo, alcanzadas las proporciones del tsunami, es peligrosa porque se ha desbordado y ha inundado otros géneros hasta crear el autoensayo, el autoepistolario (o «desfogue en vocativo»), la autoreseña, los post de Instagram, los suplementos dominicales y semejantes.

El aburguesamiento del ensayo ha ofrecido patente de corso al estudioso para que pueda insertar el yo autocomplaciente en un proceso de crisis infinitamente más grande del que, en teoría y según demuestra la historia del ensayo, necesita la primera persona del singular (a no ser que una sea Montaigne). Me aprovecharé del salvoconducto del ensayo-con-el-yo sin saber si me ha de llevar a algún lado.

El «aburguesamiento de la épica» que aflora en algunas novelas aspirantes a representar todas las clases sociales y que a todas quieren contentar —hablo de la novela puzle

58 I. Vallejo, *El infinito en un junco,* Siruela, Madrid [2020:82-83]: «Al acariciar las páginas del códice, vino a mi mente la idea de que aquel maravilloso pergamino había sido un día el lomo de un animal después de degollado [...]. Mientras sostenía aquel delicado pergamino entre las manos enguantadas para no dañarlo, pensé en la crueldad [...] los manuscritos más lujosos del medievo exigían considerables dosis de sadismo». En el entrecomillado se leen tres inexactitudes, pero todo sea a mayor gloria de la divulgación.

que debe incluir todos los tópicos para que nadie se sienta excluido, hablo del catálogo al completo del «buenismo» de la burguesía— ha provocado el aburguesamiento de los correos, los electrónicos y los analógicos, ha creado también la socialdemocracia epistolar: se trata de correos escritos con prosa intercambiable y que sirve para que el grafómano aragonés envíe —como si fueran productos de televenta— un ensayo en marzo, en octubre una novela en torno a la vegetación en el Moncayo y en febrero una reflexión en prosa poética sobre las semejanzas entre las profundidades del alma y los barrancos de los Pirineos.

Si «el descrédito de la ficción refleja el descrédito de la sociedad», si podemos tomar las aspiraciones de los jóvenes como espejo de una situación literaria y como baremo para juzgarla, las propuestas editoriales —entonces— son un espejo de la novela publicada, un eco inagotable que pierde fuerza a medida que se repite en los despachos de las agentes literarias. Corren como aguas de inundación, pues, textos inéditos que repiten ecoicos los de gente que (en apariencia) ha tenido mejor prosa, más suerte, mejores padrinos, más dinero para comprarse un sitio en los catálogos u otras capacidades con las que es necesario saber manejarse para tener éxito en la industria editorial; siempre que publicar una novela para probar si hay suerte sea un éxito personal.

Muchas novelas inéditas esconden una ansiosa necesidad de publicar y de merecer y de parecerse; estos dos deseos los comparten con muchas de las publicadas. Ver que el autor y la autora se agarraban a un género facilón me ha parecido una prolongación de una sociedad que relaciona la necesidad de expresarse convulsamente con la necesidad de recibir respuestas inmediatas y, complacida, insertarse en ellas. Al fin y al cabo, escribir para poder poner en las redes sociales que uno o una es brillante y creativo (no vulgar y taxista o profesor de química en un instituto) porque ha publicado una novela es reflejo de una constante de la sociedad posmoderna. Lo anunció Lasch [1999:190]:

> Que todos los estudiantes sean «creativos» sin mayor esfuerzo y que la necesidad de liberar esa creatividad tenga preeminencia sobre la necesidad, digamos, de formar a la gente en la aptitud tan menoscabada de la discreción y el comedimiento, son algunos de los dogmas predominantes de los educadores modernos.

Aviso histórico para vanidosos: «Por lo menos hasta los tiempos del movimiento romántico, la literatura no fue considerada como lo más importante que hace el hombre con las palabras» [Frye 1973:70-71].

Si sabemos que la novela fue durante años motivo más de asco y vergüenza que de loa y presunción, podremos acotar la importancia que tiene escribir en el perfil de Instagram la palabra escritor o escritora como si fuera un apellido, una condición. Glosa de autoridad al aviso histórico para quienes presumen de novelistas: «Desaprobar la lectura de historias de amor y de novelas fue un estribillo recurrente durante siglos y en todos los estratos sociales» [Willes 2008:136].

Un libro que se ha demostrado importante para la formación de lectores descreídos es *Senza vergogna,* de Marco Belpoliti. Para entender lo que sigue, y algo de lo que precede, diré que sirve para reeducar la vergüenza ajena, la vergüenza propia y el narcisismo. Se puede utilizar a diario para entender mejor el concepto de impudor, tanto el propio como el ajeno. Por lo que hace al ajeno, de las primeras páginas del libro de Belpoliti, en las que Silvio Berlusconi se presenta con rango de presidente del Gobierno en el decimoctavo cumpleaños de una «amiga de familia» y se hace retratar y manda publicar los retratos con «desfachatez», se puede sacar una lección vital sin necesidad de estudiar mucho: la de la relación que no tiene la honradez con la desfachatez en quienes se creen por encima del bien y del mal. Del tercer capítulo, titulado «La imagen», se aprende una lección literaria igual de provechosa si se compara con el famoso libro de Lasch sobre el narcisismo. Leer el texto de Belpoliti sirve para comprobar, a diario, que la industria editorial participa en «dar a una gran parte de la vida moderna la apariencia de un inmenso paraje con eco, de la sala de los espejos» de un parque de atracciones en el que el «poder reside en los ojos del que mira». Conjugar el narcisismo y la necesidad de reacción en el aspirante a obrero de la industria editorial (departamento «novelistas con ombligo») significa mezclar la «inclinación al autoexamen de uno mismo» o hipertrofia del yo con «la creciente inseguridad acerca de la identidad de uno, con el peso de las continuamente temidas humillaciones» a las que expone una vida vivida en imágenes (el síndrome de Calimero, visto arriba, y el síndrome de empatía en la tragedia, que veremos luego). Como acabar publicado parece un éxito, comunicar el fracaso debe hacerse con cuidado para no herir a nadie en una sociedad donde se vive «el éxito como confirmación o negación de sentirse realizados». Como autor que se siente a gusto en los márgenes de la industria, afirmo que una carta que hubiera respondido con un «váyase usted a la mierda, Clavería» —como viejo pedante retrógrado me gusta que me trate de usted quien no me ha sido presentado— me hubiera provocado un efecto liberador de los grandes, más que verme miles de corazoncitos rotos diseminados por «la sala de los espejos».

§ VII.I. La prosa de los afectos

Cuando veo anunciada —en la bandeja de entrada del correo electrónico, en las mesas de novedades, en los diarios— una sedicente novela autoficcional, ya no me atrevo a oponer abiertamente argumentos contrarios. Por eso los escribo aquí como en sordina y opino que, a mi corto entender, muchas veces parece el ejercicio escolar de alguien que no sabe combinar con las medidas justas ni la intensidad con la continuidad, ni la capacidad de concentración del relato con la naturaleza dispersiva de una vida que el autor se empeña en hacer única y meritoria de ser contada, pero que suele contar mal hasta hacer que parezca común y demeritoria. La mala novela (y sé de lo que hablo) es la malinterpretación de la relación de fuerzas entre lo estúpido y falso y entre lo estúpido y lo verosímil, la buena novela es el ajuste de cuentas entre el personaje y una utopía inverosímil que el autor hace verosímil (piénsese en Cervantes y en Fielding y en el don Faustino de Juan Valera). Basar la autoficción en una relación afectiva con la realidad no basta para hacer una novela, sobre todo si el autor se olvida de añadir también una realidad no afectiva a la novela; es decir, la novela le quedará coja si la deja ñoña y colgada solo de los afectos y no de los actos que la acompañan; entonces será posible que no sea una novela, que «sea otra cosa».

No obstante, vista la consistente apuesta que la industria editorial de las nuevas eras literarias (*Conglomerate Era* y *Age of Amazon*)[59] ha hecho por la gazmoñería del yo, me atrevo a

59 Resumidas, con muchas guías bibliográficas en G. Benvenuti, *La letteratura oggi*… [2023:3-21]. El sistema de los medios de comunicación, de los conglomerados editoriales y de las plataformas «ha redimensionado la centralidad de la literatura, tanto en lo que concierne a la función educativa, a la identitaria (relacionada con la formación del Estado) como en lo relativo a la transmisión

afirmar que la prosa sustentada solo en los afectos se nos vende como si estuviéramos ante una obra maestra de la narrativa contemporánea capaz de dejar marxismo, capitalismo, clasicismo y flaubertismo en un juego de niños. He leído cientos de novelas que suelen ser falsamente experimentales, falsamente intrigantes, que se conducen con un estilo expresivo falsamente propio y equilibradamente pedantesco y colegial porque tenían un primer objetivo, precisamente, colegial o adolescente (familia, sexo, desconcierto); el segundo objetivo es que fuera publicada a toda costa y el editor pudiera insertarla en todos los medios de promoción a su alcance. Nada que objetar como editor. Sé que la campaña de promoción basada en la recomendación personal (pódcast, a boca, mediante estrellitas o corazoncitos) no ha dejado de ser útil:

> Escribir novelas voluminosas casi nunca es necesario, pero tiene muchas ventajas. Por ejemplo, aunque el libro sea un horror, el lector paciente tiende a acostumbrarse poco a poco a la atmósfera y hasta la estratificación de los temas le parece justificada. Entonces, se comporta ante la trama como los historiadores ante una maraña de hechos indescifrables. Además, una vez que el lector paciente ha resistido las seiscientas, ochocientas, mil páginas es difícil que reconozca que son insulsas e inútiles, porque entonces debería reconocer a la vez que ha malgastado bastantes horas de su tiempo. Mejor, mucho mejor, hacer que la fatiga fructifique y declarar a los amigos que se trata de una experiencia inolvidable que no se pueden perder. Entonces, cuando los vea abrir la novela por la primera página y suspirar como quien se dispone a bucear, el lector paciente podrá satisfacer las sutiles exigencias del sadismo [Marchesini 2019:12].

de la tradición [...] y las historias de más éxito reproducen tramas de género y situaciones narrativas semejantes en varias latitudes con una pátina de localismo que apenas esconde la repetitividad de los argumentos: seriación de lo serial [*serializzazione della serialità*]» [*ibidem*, 4].

Los libros que abundan en prosa del yo pueden considerarse una obra maestra de la industria narrativa moderna, la que juega con la construcción de volúmenes arquitectónicos desmesurados. Se trata de fingir que se construye un gran edificio con viejos y nuevos materiales, dejar a la vista el armazón del libro o edificio para que se aprecie la mole y no edificar por dentro: paredes, escaleras, habitaciones... Tiene el inconveniente de que la industria narrativa podría encontrarse con un lector poco paciente que descubre que dejar a la vista el armazón significa dejar en los huesos la literatura. Imaginemos que la industria editorial se preocupa por lo que opinan los lectores insidiosos. No, mejor no lo imaginemos. La industria irá a su aire y le pedirá al escritor de las ochocientas páginas que no las rellene con tramas dialécticas, con ideas 3.0, con situaciones que desvelen la complejidad del mundo y dejen en nada la presunta complejidad del armazón dejado a medias. A la industria narrativa se le da un higo confesar que el autor tiene una idea (una, la que se ha hecho él o la que le ha aconsejado el editor), pero que no sabe explicarla sino con anécdotas. Y así se construye la parte industrial de la literatura contemporánea: pone en pie el armazón de un edificio, lo cubre con telas para demostrar que se está trabajando en él, pero los muros no se levantan nunca porque no se saben poner los ladrillos. Dijo algo parecido Carmen Martín Gaite a propósito de un autor que hizo carrera en Barcelona, pero no es sitio este para desvelarlo.

La milimétrica mezcla de mundo cultural del siglo XXI —música, cultura de suplemento literario, amante con sexo a raudales, horas de jardinería que te identifican con el padre, nieto normal, lecturas de mesa camilla con mantel de ganchillo y relegación de la compañera sentimental a comparsa disfrazada de no soy machista, o del compañero a comparsa de paso de tu culo— parecen añadidos a petición, como los ingredientes de una pizza. Estamos ante una especie de «oye, Santos, haznos temblar con los detalles de tu vida que hacen que nosotros también temblemos, aunque sean temblores también banales y sacados con tiradas de dados».

El autor-protagonista que aspira a triunfador debe ser un creador multimedia, saber de festivales de música, de *performances,* de literatura de baja intensidad y de no sé cuántas cosas más, es aconsejable que tenga una galería de arte y regente en comandita una librería chachi y alternativa desde la que predicar *urbi et orbi.* Lástima que en lugar de querer traer la galaxia multimedia a la tierra haya querido, como tantos otros, decir que su yo infantil e inflado es la galaxia toda y que en los traumas de una protagonista que pasa de niña a mujer en una familia normal (o especial, según el valor moral que cada uno le quiera dar al paso de niño a hombre) estamos obligados a vernos reflejados todos los lectores que alguna vez perdimos afectos en el camino.

Es posible que el autor obstinado en la prosa del yo conozca el oficio de escritor, aunque se deje a veces una parte del prestigio en la sosería gramatical y grite ¡muerte a la hipotaxis y viva la omnipresencia de oraciones nominales! Es posible, pero cuando se pone ante el espejo y toma el lápiz reproduce uno de tantos dibujos de estudio, de esos que el aprendiz dibuja con un modelo a la vista, de esos que el experto utilizará para bocetos de obras mayores. Es decir, en los esbozos de novela del yo suele faltar precisión porque a veces cunde lo lírico cuando no toca o lo onírico cuando toca todavía menos.

Buena parte de los relatos con voluntad terapéutica tienen una estructura similar: envuelven un enigma en un fragmento de vida cotidiana, hacen que el enigma crezca y, al final, cuando la vida cotidiana no da más de sí, el autor o la autora recurre a la artimaña de la magia de la sorpresa para que el lector tome el ingenio por genialidad. En la chistera de la literatura de taller, el autor encuentra a veces un conejo vivo y hermoso, y a veces una piel reseca y muerta, depende de dónde haya ido a copiar. A partir de la quinta novela que trata del conflicto contra el padre, con el profe, con el amigo del alma, con la educación criptocatólica en España, un lector avispado habrá aprendido de qué va la cosa y en qué momento le va a llegar el guiño, la complicidad, lo inesperado, el cruce de cables, la sorpresa que no es tal [Reig 2006:*passim*]. Con la excusa de que el autor tiene una chistera que guarda para el final, la prosa del yo nos vende en espiral historias tan tontamente repetitivas que cualquier quiebro narrativo puede hacerle creer al autor que ha escrito una genialidad, un final sorprendente e inesperado que sorprenderá solo a quien desconozca la historia de la literatura o tenga una relación esporádica con la *inventio* o crea que la tarea de la novela es dejar las cosas como están porque así nos resulta cómodo. La disyuntiva resulta instructiva si consideramos lo que dice Pavel sobre el arte de imaginar un mundo que tiene que ver más con lo ideal que con el comportamiento humano, y que por tanto tiene más de edificante que de disolvente; es decir, si vemos que Pavel contradice el valor subversivo de la novela según Kundera, para quien la novela que no descubre una porción de la existencia desconocida hasta entonces es inmoral.

§ VIII. Invención y vanidad

Avanzada la lectura de *El valor de la poesía* se lee:

> En este oficio, al igual que en todos los demás, algunos naturalmente alcanzarán una preponderancia muy notable, serán encumbrados hasta una posición de privilegio... y consiguientemente experimentarán el influjo de una vanidad ilimitada [Mill 2002:57].

En la tradición anglosajona, el influjo de la vanidad en los autores no es pecado si los sujetos creen tener motivos de vanagloria; en este caso, si han demostrado sobradamente que tienen oficio de escritor. Pero la vanidad, aunque uno se la pueda permitir porque ha dejado en el recuerdo de la gente «memoria dulce» y no se ha limitado a amenazar con que un día sembraría «memoria amarga de sí», tiene un límite típicamente británico. Joyce quiso presentar al joven artista como alguien cercano a Dios por cuanto el artista puede ser considerado un creador. En el sermón que se da en el tercer capítulo del *Retrato,* el cura pone las cosas en su sitio: la vanidad del escritor famoso es aceptable, pero la soberbia del creador debe tener un límite en el hecho estético, no puede pretender ir más allá y desafiar lo establecido con una revolución metafísica [Clavería 2020:140-147].

La naturalidad con la que se relacionan vanidad y oficio literario llama la atención hoy como ayer. Pero en el *Retablo de las frustraciones contemporáneas* que ha ocupado el lugar de *La feria de las vanidades* se nos muestra lo irreal tal cual es difícil que sea. Parece que debería ser así en la vieja literatura, pero la ficción basada en el yo se obsesiona por ajustar bien solo la simulación de una realidad, no desfigurarla ni practicar la utopía improbable (distopía) con el yo como sostén. Una muestra: en *La amiga estupenda,* la firmante Elena Ferrante crea una obra digna de estudio gracias a la conjunción perfecta del mundo escondido y real del yo con la verosímil simulación de la realidad.

El tópico del autor enamorado y orgulloso de su obra es una de las características de la posmodernidad.[60] La nómina

60 Remito al interesado y a la interesada en la evolución del concepto de autor al eruditísimo artículo de A. Pérez Fontdevila y M. Torras Francès, «Hacia

de poetas antiguos a los que se les daba un higo el ver su obra publicada es larga, como hemos visto en la nota 56. La nómina de las personas que afirman que ser escritor en tiempos posmodernos es más presumible que lo de ser barista o soldado en los tercios de Flandes no es más corta que la anterior.

En uno de los repertorios de erudición más conocidos del siglo XVI, la *Poliantea* (florilegio) de Domenico Nani, se define la ficción como si fuera el «plasma» griego: forma moldeada; de aquí «plasmar» y, en el mundo literario, necesidad de plasmar en apariencia. Pero moldear una forma, quedarse en una apariencia, es pecado, según Tomás de Aquino, porque es fingimiento: *fictio simulata res.* Y es pecado porque la ficción lleva al fingidor a fingir.

Es decir, hay personas que prefieren ofrecerse a la platea más como fingidoras que como seres que viven de hacer algo real, como vidas que tienen más valor por lo que inventan y escriben que por lo que son (y no estoy hablando de la posible base moral o capitalista de tal distinción). Y la cuestión no es banal, pues ha generado un intenso debate académico

una biografía del concepto de autor», en A. Pérez Fontdevila y M. Torras Francès (eds.), *Los papeles del autor-a. Marcos teóricos sobre la autoría literaria,* Arco Libros, Madrid, 2016, pp. 11-51. En la página 50 se concluye con una propuesta muy productiva, casi spinozista, la de que «el concepto de autor pende de una serie de oposiciones en tensión: entre otras, dentro *vs.* fuera (de la obra y del espacio común)…». La idea de que para contar bien la prosa del yo es conveniente conocer la contraparte que no es el yo, también en Gass [1994]: «*If we leap rapidly enough from one side of this insistence to its denial from the belief that only I can know how I am to the view that only another can see me really-we can quickly persuade ourselves that neither self-knowledge nor any other kind is possible, and, so persuaded, sink dizzily to the floor. Of course, we might, by letting the two positions stretch out alongside each other and observing how these two kinds of information are of equal value and are complementary, conclude that for a full account both the "in" and the "out" are needed. That was Spinoza's solution. It is usually wise to do whatever Spinoza suggests*».

sobre la obsesión de la presencia «autorial» y sus *performances.*[61] El autor no está muerto, *monsieur* Barthes, está más vivo que nunca y en buena forma, y muchos hasta tienen la capacidad del decatleta o del «decautor», una especie de Houellebecq capaz de ser novelista, poeta, pintor, locutor de radio, actor de sí mismo, periodista borde, guionista, insultador de profesión, cantante y académico-antiacadémico.

Intentemos un razonamiento tomístico para entender a quien vive enamorado de la ficción que se ha construido y la pasea con vanidad. Para Tomás de Aquino, simular es hacer una cosa que no se desea hacer; por ejemplo, recibir el bautismo sin desearlo —solo por obrar en consonancia con la mayoría— es simulación y por tanto pecado…; por ejemplo, hacer teatro para vender más libros o incorporar el sexo en la novela porque es el motivo que más vende es pecado de lesa literatura. Es decir, escribir novelas porque está de moda (y hacerlo sin convicción, solo por aparentar) es pecado, y la vanagloria de la simulación es pecado mortal. En la literatura moderna hay una segunda clase de condenación: la que procura el editor al autor que se niega a simular, que no quiere aparecer por doquier con el objeto de vender libros.

Son millones los libros que estudian el concepto de autor desde todos los ángulos de la personalidad y desde el punto de vista moral, social, editorial o lo que se desee. Son millones los autores que confunden la memoria con la creación, la vanidad con la importancia. Si uno quiere ir algo más allá del tópico y afirmar que el concepto de autor o de autoridad nace con el Renacimiento, debe recordar que Garcilaso no publicó

61 I. Berensmeyer, G. Buelens y M. Demoor, «La autoría como *performance* cultural: nuevas perspectivas en estudios autoriales», en A. Pérez Fontdevila y M. Torras Francès [2016:205-242].

sus obras, o que alguien tan erudito y revolucionario como Góngora «cuando quiso publicar sus obras poéticas ni siquiera las tenía [recopiladas]».[62] El debate acerca de la vanidad del escritor que quiere «plasmar» el yo porque lo cree digno de ser comunicado se convierte, entonces, en algo no estrictamente literario y se ha de llevar a un ámbito editorial o personal o, desde que existen los periódicos a esta parte, social. ¿Se sentía menos autor el Garcilaso inédito mientras iba espada en mano que los novelistas que cada tres palabras te recuerdan que lo son mientras van por el mundo copa, blog, post, presentación o artículo periodístico en mano? El debate, pues, sobre la antigua vacuidad y la nueva vanidad puede plantearse, si uno quiere pasar un rato agradable, en el plano de la personalidad, del yo, del de dónde vengo y el adónde voy y si voy a ser capaz de escapar, gracias a haber publicado novelas que venden doscientos o doscientos mil ejemplares, de lo que es «el pequeño mundo del hombre». Pavese (el 22 de mayo de 1941) relató de manera estupenda el origen del paso que lleva a la vanidad del autor a querer insertar su prole de papel entre la sociedad literaria y a querer mantenerlo a flote entre sus semejantes:

> Es curioso cómo el Romanticismo, que se tiene por ser el momento del descubrimiento y valoración del individuo, de la originalidad, del genio, se vea atravesado por completo de un ansia de unidad, de totalidad cósmica [...] Prueba de esta intención es la creación de conceptos colectivos: nación, pueblo, cristianismo, pangermanismo, el gótico, la latinidad.

Una advertencia: es posible que lo del autor como cristo (ungido) no sea invención del Romanticismo, pero parece que la

62 J. M. Blecua, *Sobre el rigor...* [1977:13].

necesidad de sentirse egregio sí. El Romanticismo, al invocar el «ansia de unidad», el nacionalismo o el corporativismo, hizo inevitable que por contraste surgiera el *e-gregius,* el que exige para sí la gloria que le supone estar fuera del rebaño.

§ IX. Pero ¿y si de verdad lo que nos gusta es que el mundo nos mire? ¡Mira cómo respiro, mamá![63]

Un escritor italiano alcanzó cierta notoriedad en el gremio literario gracias a las clases de *«parlare di sé»* que daba en diversas escuelas de escritura. Publicó dos libros sobre el asunto. En el primero trataba con minuciosidad la ausencia del padre (síndrome del abandonado). En el libro aparecía una figura heroica: la compañera del protagonista, que quizá se pueda identificar con la compañera del autor. Era una semidiosa llena de amabilidad, paciencia, inteligencia, comprensión, una fuente llena de agua bendita. En el segundo libro, el autor-protagonista trataba con detalle el reencuentro con el padre (síndrome del nido rellenado). Recargadas las pilas de la autoestima, del vigor, de la vida normal, el protagonista, que quizá se puede identificar con el autor, le pone los cuernos (con arrepentimiento incluido) a la amable compañera que en el primer libro lo había ayudado a no caer en el pozo. No hace al caso literario la catadura moral del gesto, lo que me interesa es conectarlo con la descripción satírica que hace Gass de la imperiosa necesidad de contarlo todo, dónde acaba la introspección despiadada y sincera y dónde empiezan la desvergüenza y el exhibicionismo, calidad esta que no es indispensable en la ficción, y tampoco en la prosa que sabe

63 W. H. Gass [1994]: *«But what if we really want the world to watch? Look, Ma, I'm breathing».*

separar el sujeto del objeto, como hemos visto gracias a Rico. Parodia Gass:

> Mírame dar los primeros pasos, usar el orinal, pegarle a mi hermana; he ganado en el juego de girar la botella. ¡Vaya, mi primer adulterio, menudo soy! Sin duda esto merece un cartel conmemorativo en la autopista de mi vida. Así pues, voy a escribir la dulce historia de mi vida. Sin embargo, hay un problema. ¿Qué clase de imagen puedo esperar que aparezca en la conciencia del otro, o en el escenario público y despiadado que es la página impresa?

Cuando la parodia se parece demasiado a la realidad casi resulta irreconocible como parodia, afirma Lasch [1999:189]. No se trata de juzgar la catadura moral de lo que se cuenta (aunque una opinión, naturalmente, la tengo), sino la calidad literaria de lo que se nos quiere contar, la capacidad de perduración y de elevación o de lumpemproletariado que tiene y la rabia que provoca, y si les está permitido a la lectora y al lector acercarse libremente y sin prevenciones (sin sentirse manipulados por la arrogancia y la presunción) a historias llamativas solo porque lo llamativo vuelve interesante un interior vacío. Si la biografía es una parte de la historia y debe medirse con ella, la autoficción es una parte de la literatura, y debe pasar cuentas con ella. La historia y la literatura son importantes en la medida en que están compuestas de dichos y hechos memorables, remarcables y dejados en manos de la posteridad. Es cierto que para algunos autores la guerra del Peloponeso, por cuanto supuso el comienzo del declive ateniense, no debía escribirse, glorificarse o tener como modelo. Si Tucídides no hubiera escrito las diferencias políticas y territoriales entre atenienses y lacedemonios (y no nos hubiera trasmitido los impresionantes discursos de las legaciones) una parte de la «historia de la gloria en la derrota» se habría perdido. El relato de un adulterio —de otras miserias y las correspondientes grandezas— contado con sordina y malamente quizá añada algo a la historia del morbo y al repertorio de los casos de tratamiento psicológico, pero poco añade a las quejas amorosas en la literatura, desde Ovidio a Roth pasando por el despechado Erasmo a manos de Alberto Pio. Nada añade a la epopeya del yo que quiera provocar empatía o rechazo. La razón de por qué aporta poco: porque es una técnica viejísima que alguien poco sospechoso de desafección a la literatura, Virgilio, manejaba con maestría hace bastantes años. Recordarlo sirve para, de sopetón, volver viejísimos a los modernos que creen haber innovado algo con relatos autobiográficos interesados en provocar compasión y sorpresa mediante algo poco propio del personaje como es la empatía. En la gran literatura, la empatía se consigue cuando el autor entra en el ánimo del personaje y conduce la acción con sentimientos atribuidos a los personajes, pero propios del autor, que en ningún caso quiere ser mezclado con la épica de lo que explican los personajes, pues la grandiosidad perdería valor: Virgilio es Virgilio, pero no es Eneas.[64] La tragedia, aunque sea de andar por casa, debería tender a lo virgiliano, a que en el texto no haya una palabra más de las necesarias y lo sublime consistiera en que lo que queremos del mundo fuera saber cómo funciona, no qué ojos tiene para mirarnos; lo sublime podría ser entonces poder decirles a quienes nos dieron el yo: «Ma, pa, mirad cómo respira el mundo, lo he estudiado y os lo cuento». Quizá no sea casualidad que uno de los episodios

64 Según Heinze, el moderno fue Virgilio, capaz de reunir relato, técnica dramática y epopeya gracias a un nuevo punto de vista y a la condensación adecuada de la peripecia. R. Heinze, *La tecnica epica di Virgilio* [1903], G. Biagio Conte (tr.), Il Mulino, Bolonia, 1996.

más famosos y más logrados explique la historia de Eneas, del mundo y de los anexos gracias a la descripción de un escudo, imagen que sirvió para reparar a Aquiles (gracias a Homero) y a Hércules (gracias a Hesíodo) del ataque de lo externo.

Queda pensar que leer las cuitas de un autor o de una autora que se desnuda —para verse sin escudos en el espejo— sin indagarse por dentro o incapaz de «darle una expresión a lo sublime» forma parte de la industria del entretenimiento, y nada más tengo que decir en su contra, tampoco a su favor.[65]

65 Si acaso, añadir a pie de página una fuente de autoridad para declarar uno de los motivos que ha llevado a lo trivial («yo mimé conmigo») a suplantar a los historiadores y a los inventores de verosimilitudes y a convertirlos en impersonales correas de transmisión: «*Once upon a time* en que la historia se ocupaba sólo de lo que consideraba importante y de las gentes que habían hecho lo importante y todo lo que suponía. A los historiadores les costaba decidir si la historia era el resultado de las acciones notables de hombres notables o las consecuencias significativas de fuerzas poderosas, del clima, las costumbres y las consecuencias económicas, o de las estructuras sociales, la dieta, la geografía y las entelequias secretas del Ser [...] cuando las máquinas empezaron a reproducir objetos [...] y llegó la democracia para halagar a la multitud y [...] las ventas aumentaron y el dinero se convirtió en el dios resucitado, entonces [...] lo trivial ocupó el trono —una silla de camping en un set de rodaje— y la historia se dedicó a crear chismes, no normas o reglas, y prefirió las mentiras sobre vidas menores a la voluntad del Destino» [Gass 1994].

Tercera parte

EDITAR EL YO

Para un escritor, el verdadero fracaso es otra cosa, está escrito en una hoja invisible y cataloga las obras a las que ha renunciado.

H. M. ENZENSBERGER, *Mis traspiés favoritos. Seguidos de un almacén de ideas*

§ x. El editor duplicado, la literatura demediada

Avanzada la lectura de una novela de 2007 —y sirve para presentar relaciones complejas—…

> El corrector releyó molesto y confundido las primeras ocho páginas; había catorce erratas en las primeras. Por regla general, en las primeras páginas no hay tantas [...]. Además, montones de circunloquios soeces y gratuitos —¡y las blasfemias!—; por no hablar del texto. La alternancia obsoleta de dos y hasta tres narradores lo dejaba exhausto, [pero] al corrector se le pide que lea el texto desde una perspectiva estrictamente formal, y el trabajo es imposible si el texto contiene tantas estupideces.[66]

Los escritores se han llevado mal con los editores de texto desde los tiempos de las primeras imprentas, hasta hoy. En el prefacio a las *Historias* de Tito Livio impresas en 1470, alguien se pregunta de dónde vienen los errores que hay en el libro. Respuesta:

66 F. Recami, *Il correttore di bozze,* Sellerio, Palermo, 2007.

> De aquí han surgido los errores de los copistas, pues creen que lo que no entienden está en exceso, u oscurecen lo que no distinguen o corrompido creen lo que el autor ha invertido deliberadamente y, por mor de impresores creídos buenos correctores, más se ensañan con lo que menos entienden.[67]

Por razón contraria, el editor podría decirle al excelentísimo escritor académico que no todo lo que cree inefable es inefable, pues aquel personaje suyo que «subía las escaleras hacia arriba con sus manos en sus bolsillos» tampoco era para tanto, o que aquella protagonista que vendimiaba en junio en Sicilia tenía el calendario estropeado.

Tras siglos encerrado en el cuarto de la irrelevancia textual, no se le puede pedir hoy al editor de textos —una de «las refulgentes criaturas abisales que pueden subsistir solo en un especial y oscuro hábitat incapaz de permitir otras formas de vida, de las que son aptas para vivir, según parece, solo en el taller de imprenta»— que salga de nuevo a la luz y lo entienda todo a la primera y se convierta en modelador impecable de los desafueros sintácticos de los autores de éxito.[68] Sin embargo, los editores-chequera de hoy que son perezosos,

67 Citado en M. Campanelli [2017:184]. Es un prólogo de G. A. Campano, escritor y editor con formación humanista, a T. Livio, *Historiae romanae decades,* Ulrich Han [Roma, antes del 3 de agosto de 1470]: «*Inde librariorum cohorti errores, dum aut quod ipsi non capiant nimium esse aut quod non cernunt obscurum aut quod inversum est studio auctoris depravatum putant et, de librariis emendatores facti, ibi plus adhibent iudicii, ubi minus intelligunt*».

68 J. Herralde [2019:9] rinde homenaje a Teresa Ariño, «en cuyo escritorio aterrizan desde hace treinta años *todos* los originales que vamos a publicar: no escapan a su sabio y severo escrutinio ningún error gramatical, ninguna coma omitida o inoportuna, ningún desafuero sintáctico perpetrado por autores novatos o consagrados, incluso los más discutidores, empezando por Roberto Bolaño, finalmente rendidos a la evidencia».

incultos, aptos a fotografiarse en las redes sociales, le piden al pobre corrector o a la incauta correctora que le saque a la editora las castañas de un fuego que no sabe ni encender.

Ernesto Ferrero [2022:152], al hablar de la rutina editorial en la empresa para la que trabajó durante décadas, recuerda el cuento de Giuseppe Pontiggia titulado *Lettore di casa editrice* [2013]. El apólogo sirve para ponernos en nuestro sitio, si hiciera falta, a los lectores editoriales y glosar la irrelevancia en la que vivimos, que es la irrelevancia de la literatura no sedimentada. Un lector de la *«casa editrice»* debía dar curso a una pila enorme de autores desconocidos, de esos que se pueden liquidar «con una ojeada»; al final de la pila, un manuscrito un poco más grueso que los anteriores lo deja con la duda. Ferrero resume lo que piensa el lector de la editorial del manuscrito que le ha tocado leer poco antes de irse a casa, y nos recuerda la conversación con el director:

> El manuscrito tiene imágenes intensas, visionarias, de las que llaman la atención, cuenta los sueños con una precisión digna de Freud, aunque a veces el tono pierde un poco de calidad por exceso de expresionismo. Mejor no publicarlo, pues tiene muchos errores, es enfático, pero el autor es de esos que conviene tener controlado para más adelante. El editor hace callar inmediatamente al lector: se trata de un manuscrito ya contratado que ha acabado por error en la pila de los aún por valorar. Se trata de una traducción de *Crimen y castigo.* El lector, ¿no se había dado cuenta?

Deslumbrado el editor porque tiene un lector capacitado, capaz de discriminar *Crimen y castigo* a pesar de haberlo tenido encadenado a gerundios mal puestos durante horas, es posible que le pida opinión, que quedará rigurosamente archivada cuando le diga que la novela de la amiga del editor que el editor pretende editar por motivos arcanos carece de la más mínima estructura literaria, de todo lo que parece necesario conocer para fabricar una novela con personalidad. Por novela con personalidad puede entenderse la que soporta bien los bandazos a los que lleva la imaginación y pone en su sitio a la intrigante *inventio* gracias a la ayuda de la contenida *dispositio,* pues característica de esta es insistir en no dejarse acarrear. Habrá editores de signo positivo que ante una advertencia así dirán que la novela es perfectamente publicable porque será rentable gracias a la ausencia de personalidad: si no tiene aristas en las que puedan agarrarse los críticos, deviene un libro que se adapta a todos y a todas, a todos los gustos y condiciones, a la vida internacional a la que le importa un pimiento la literatura y no se la exige al libro. El editor de signo positivo valorará que la autora consiga hacer poco verosímil lo real y convertir lo irreal en algo inverosímil (o imposible de creer); es decir, si hace lo que no aconsejan los teóricos de la prosa, de Aristóteles a Marsé pasando por Edith Wharton.

El editor de signo positivo prefiere triunfar allí donde haya un lector con capacidad lírica y evocativa y desee creerse lo que lee sin hacerse más preguntas que las que exigen una tarde de ronroneo al lado de un gatito y de un té verde y unos dulces que fotografiar en las redes sociales. Es decir, la ausencia de personalidad consiste en una masa madre convertida en un producto anfibio, casi trasparente, literatura de amebas; para muchos editores se trata de un éxito seguro e inmediato. Intercalo una impertinencia contra el editor de signo positivo, sacada de Giulio Einaudi: «Si hemos de editarlo deprisa y corriendo antes de que pase de moda y antes de que la autora nos traicione y se vaya a otra editorial, ¿para qué queremos editarlo?».

El autor debe saber mirarse con lupa el ombligo y hacer de la novela —que en teoría es el género que declara el conflicto de un ombligo con las tripas— un conflicto de bajos vuelos entre el personaje y las carencias afectivas de un círculo cerrado (en muchos casos intercambiable con el del lector). Añadamos que todo debe parecer un epígono del modelo Starnone-Ferrante que gobierna los libros intimistas (decadentes) de hoy. Lo del intimismo de hoy se condensa en la eterna duda de la juventud: si irse o quedarse o volver, si esperar más de los territorios llenos que de los territorios vacíos, si follar para conocer gente o follar por amor; si drogarse por amor de padre o no tocar piel humana.

El recensor debe reportar, y mentir si es necesario, que la novela que conviene al editor de signo positivo contiene en dosis adecuadas todo lo que gusta encontrar hoy en las novelas: perritos, amiguitas, crespúsculos entre ruinas romanas, no me mires que se te nota demasiado, el habitual resumen de clase de pilates, lucha estudiantil de baja intensidad, amor caduco del tipo «no sabes cuánto te amo porque no sabes qué supone amar la amistad y amar el ancestral gusto por la tierra que te vio nacer», títulos de novelas chachis y anécdotas sacadas de los viajes y que las redes sociales han demostrado que pueden funcionar en el libro y dar lustre al escritor de chascarrillos; verbigracia: «Roma Termini con Andrea. Cerca de las termas de Diocleciano. Han hecho más Cinecittà y el péplum por la recuperación del mundo clásico que todos los humanistas florentinos y romanos juntos».

§ x.i. El editor ejerce de editor

¿Por qué hablamos de Carver cuando hablamos de Carver?

«Una edición cuidada hace la reputación de un escritor más sólida que una edición precipitada, se ha de tener en más la honra que el dinero. Ojalá hubiera yo seguido siempre este consejo, pero has de comprender que para los editores el dinero es tan importante como para nosotros la reputación». Son palabras de Erasmo, escritor y editor. Desde principios del siglo XVI hasta hoy, las aspiraciones del autor y del editor no siempre van juntas; en la batalla por la reputación, a veces ceden unas, a veces ceden otras.

Una pregunta que desata polémicas desde que la imprenta es imprenta: «¿Vale más el error de un autor precipitado que el acierto de un *editor* cuidadoso?». En otras palabras, ¿cuándo deja un autor o una autora de creer que ha escrito una obra maestra intocable y que los demás están a sus órdenes incluso cuando escribe «se miró a sí mismo en el espejo que tenía en su propia puerta de su armario»? ¿Cuándo se atreve el editor a decirle al autor que con lo que ha escrito no va a ninguna parte y que al tocho que le ha mandado le sobran cincuenta páginas y otros tantos anacolutos? ¿Cuándo, como en el caso de Erasmo, el autor claudica y acepta que el dinero ganado con prisas es importante para el editor y, de paso y con suerte, para el autor?

El profesor Anthony Grafton, estudioso de la imprenta manual, comienza el libro dedicado a *La cultura de la corrección de textos* en la Europa del Renacimiento con uno de los capítulos más sabrosos del mundo editorial moderno: el de las conversaciones entre Raymond Carver y Gordon Lish acerca de cómo editó este los primeros cuentos de aquel. El episodio es muy conocido y ha provocado montañas de literatura. Me centraré en una frase de Grafton que no tiene demasiado que ver con la literatura, pero sí algo que ver con el mundo literario. En el primer capítulo, titulado LA PRÁCTICA NO LLEVA A LA PERFECCIÓN, dice que Carver «no podía tolerar que otros supieran hasta qué punto Lish había dado forma a sus cuentos publicados, así que le rogó que cancelara o pospusiera la colección». Grafton se refiere, como es sabido, a la primera reacción de Carver ante la poda que sufrió el famoso *De qué hablamos cuando hablamos de amor,* título que hizo fortuna y que fue idea de Lish, contra la elección del autor. La afirmación de Grafton podría considerarse exagerada porque supone saber qué piensa un escritor y estar al día de la relación íntima que tiene con su obra. No es fácil intuir cómo un autor quiere programar la divulgación de sus libros y si le apetece adobarla con vanidad. Es posible que Grafton nos esté recordando que el miedo de Carver a que lo consideren un manipulado editorial no tiene que ver con la reputación tal y como la entendía Erasmo, sino con la *vanitas* que veremos en el último capítulo.

La frase del profesor anima a preguntarse, en el caso de Carver, por qué hasta un determinado momento Gordon Lish fue bien recibido en los libros de aquel y, pasado un determinado momento, Carver rechazó a Lish. El escritor le pide al *editor* en la famosa carta del 8 de julio de 1980 que le «ayude a salir de esta» y le ruega que no publique la versión recortada de *De qué hablamos cuando hablamos de amor.* «Salir de esta» puede leerse como que Carver quiere que el lector, ¡por fin!, pueda dar a Carver lo que es de Carver y quitarle a Lish lo que es de Lish.

Se sabe que algunos cuentos de Carver sufrieron recortes de más del cincuenta por cien. ¿Es el verbo «sufrir» la expresión justa? ¿Provocó Lish daño moral, recibieron con resignación los textos un daño moral o físico? Hay opiniones para todos los gustos. La de Trevi es contundente: «La comparación entre lo que Carver escribió de puño y letra y lo que hizo Lish es uno de los testimonios más terroríficos e instructivos que puede ofrecer la historia de la literatura» [Trevi 2012:20].

La razón que da Trevi es que la misión del *editor* no es solo económica, sino que tiene una vocación secreta e incomparablemente más metafísica, más luciferina que cualquier ansia comercial. Lo que el editor pretende es transformar la literatura, toda ella, en narrativa [en narración]. Es el primer triunfo moderno de la literatura neoliberal, el autor es ante todo un *storyteller,* y lo que ofrece no es lo que no piensa, sino lo que en la pequeña porción del mundo físico, no meta-físico o «ficcional», tiene delante. Y esto se debe a la inmediatez de la nueva oferta editorial, causa y consecuencia de que se rompa una de las normas de la novela clásica decimonónica: la extrañeza. Si en tiempos se intentaba ver en los protagonistas ejemplos de enfrentamiento con sociedades extrañas que hacían extraños a los personajes, con el «storytellismo» y la narrativa de *editor* se busca que el autor «se parezca cuanto más mejor a sus lectores», es el impuesto que paga para que pueda ser reconocido y triunfante. La industria editorial ya no tiene tiempo de reeducar al lector. Ha triunfado la homogeneización, quizá por primera vez en medidas industriales, desde abajo. Con la industria editorial no dicta las normas quien tiene las claves de la creación, sino quien domina la de la recreación y el entretenimiento.

Fuese como fuese, Carver dejó las cosas como le proponía Lish y aceptó que *Principiantes* se llamara *De qué hablamos cuando hablamos de amor,* pasara de tener doscientas páginas a tener ciento treinta y declaró por carta el 14 de julio de 1980: «Estoy entusiasmado con el libro y su inminente publicación. Estoy fascinado con él, y ya estoy empezando a pensar en el próximo». Una semana antes había pedido ayuda a Lish, luego se entusiasmó con el trabajo de su editor, pero cuando años después el trabajo se demostró triunfante, se alejó de Lish. ¿Reniegas de mí, hijo mío?

No nos olvidemos: Carver reeditó algunos libros, insisto «reeditó», con los cortes que había hecho su editor; es decir, ni renegó de ellos ni cantó la palinodia. Carver no editó en vida, ya famoso y venerado, las versiones originales de los cuentos. El manuscrito original, sin cortes, lo conservó Lish y lo donó años después de la muerte de Carver a la Lilly Library de la Universidad de Indiana. En 2008, los profesores William L. Stull y Maureen P. Carroll prepararon la edición del manuscrito original y lo editaron el año siguiente con el consentimiento de la albacea de Carver, Tess Gallagher.

Habrá quien piense que si hablamos de Carver cuando hablamos de Carver es porque hubo un día en que se pudo leer a Carver según Carver y no según Lish; en el caso que nos ocupa, el día que *De qué hablamos cuando hablamos de amor* volvió a ser *Principiantes.* Lejos de pacificar la cuestión, la edición de Stull y Carroll abrió el debate de qué es la creación literaria y cómo se inserta en el mercado editorial. No tengo nada que añadir al debate de la creación literaria porque no he escrito una sola novela en mi vida, pero sí quiero hacerme tres preguntas: ¿por qué todos los implicados dejaron que apareciera la versión original muerto el autor? Habrá muchas y más loables razones, sin duda, pero vistas con los ojos del complotista, las razones por las que Lish conservó el manuscrito y dejó abierta la puerta para que un día llegara a publicarse no tienen por qué ser idénticas a los motivos que llevaron a Gallagher a permitir que todo el mundo viera cómo era Carver antes de ser Carver pasado por el cedazo de Lish. Es más, es posible que las razones y los motivos no tengan bases estrictamente literarias, ni tan solo únicamente económicas: es más difícil en 2024 encontrar en las librerías españolas ediciones de *Principiantes* que de la versión Lish. Es posible que razones y motivos para publicar la versión original de Carver tengan que ver con cosas tan personales como el miedo que recordaba Grafton, las inseguridades, la vanidad y la prepotencia, la necesidad de demostrar talento, la venganza, el despecho y cosas aún peores, como el erasmiano miedo a perder reputación. Y hasta aquí las cuestiones editoriales y de vanidad literaria.

A una segunda pregunta —¿cómo me afecta tener delante dos versiones de un cuento de Carver?— responderé como lector, porque es en calidad de lector desarmado como más me gusta enfrentarme a los escritores consagrados. Para hacerlo, tomaré la parte final del cuento titulado *The Fling* en la versión Carver y *Sacks* en la versión Lish.

Los profesores Stull y Carroll dicen que Lish cortó el 61% del mecanuscrito que le entregó Carver con *The Fling.* Como casi todo el mundo, leí antes la versión Lish (publicada en 1981) que la versión Carver (publicada en 2009). Es un relato en el que un padre y un hijo se encuentran y parece que hayan de pasar cuentas de un suceso anterior. Tras la explicación de varias peripecias que tienen que ver con una aventura extramatrimonial del padre del narrador, la escena final relata el momento en que aquel es descubierto en casa de la amante por el marido de esta. El narrador le pregunta al padre si tuvo tiempo de escapar y el padre mira al hijo como si este fuera idiota. Empiezan a despedirse porque el hijo debe tomar un avión. Antes de irse le pregunta al padre si aquella mujer sigue en Redding. El padre insiste en que el hijo no ha entendido nada de cómo se siente, de cómo acabó la historia y le aclara que el hombre se sintió hundido, se echó al suelo y se puso a llorar y que la mujer estaba en la cocina, y allí se puso a llorar, de rodillas, y rogaba a Dios en voz alta para que el marido la oyese. Padre e hijo no se vuelven a ver. Más detalles, y con análisis académico, en Sweeten [2013].

¿Qué cortó Lish en la parte final del cuento? Todo lo explícito: el suicidio del marido cornudo, los problemas de conciencia del amante, los remordimientos, la relación del padre con la madre del narrador; en una palabra, todo lo que daba circularidad al cuento y lo cerraba, lo hacía predecible, dejaba en paz al lector porque Carver le había confesado la verdad, toda, hasta la que el lector no tenía ganas o necesidad de saber. Hace siglos que dura el debate de si la literatura es crónica o invención o un montón de cosas más todas juntas. Si hubiera leído las dos versiones de los cuentos como crítico literario, hubiera preferido la de Lish por devoción a la técnica de *El punto ciego* que aclaró perfectamente Javier Cercas, pero como las he leído como lector, digo que se me da un higo si alguien metió la mano en la versión inicial y si la nueva supera o no la original y si Carver cree dañada su calidad de numen.

Lo que no se me da un higo es que las cuartas de cubierta de los libros me dijeran en 1981 que estaba ante piedras angulares de la literatura y que las piedras angulares las da así la naturaleza, sin canteros que las pulan, y que gracias a los aciertos del autor-numen-intocable tengo delante, siempre e infaliblemente, una «insuperable demostración de la capacidad creativa del ser humano expresada con una prosa cuidada y cautivadora». ¿Cuidada por quién y cautivadora de quién? ¿Dónde empieza la prosa cautivadora y dónde acaba la cuidada por un tercero? Me es indiferente si Carver es Carver o Lish porque tengo la sensación de que lo que tengo en las manos no es producto literario o, mejor dicho, no es solo un producto literario. No me apetece leer en una cuarta de cubierta que escribir una novela es un acto intelectual heroicamente solitario cuando el mismo editor me vende en otra colección, sin pudor alguno, libros que ha encargado a un grupo de expertos para que le construyan artificialmente un producto de éxito o libros publicados tras premiarlos por encargo.

La tercera pregunta me la hago tras comparar los finales de los dos cuentos citados y para rebelarme ante la imposición de métodos literarios a través de las escuelas de escritura y de las modas editoriales. Se habla de minimalismo literario y de que Carver «murió famoso, contra su voluntad, como minimalista». Así lo afirma Grafton. Si es cierto, queda rebelarse contra lo que dicen algunos críticos sobre en qué consiste un cuento si un cuento es «capturar una transformación pequeña e impalpable, una sola» y que para aprender a escribir hay que estudiar a Carver. ¿A cuál?, ¿al explícito que llena de transformaciones la página?, ¿al prolijo que cuenta con pelos y señales? Queda también rebelarse contra quienes venden un producto haciendo gala de que es integral y luego dicen glups, perdón, nos habíamos olvidado de decir que es un híbrido y que, además, contiene un ingrediente deplorable: aceite de palma. Ferretti apunta que hay tres clases de *editing:* el que parte de una necesidad de censura o autocensura, el que remodela un texto de cara a obtener descaradamente un «éxito comercial», el que se hace por motivos textuales o críticos. ¿Cuál de ellos practicó Lish y aceptaron Carver y todos los editores del mundo antes de descubrir que, glups, Carver era otra cosa?

Me rebelo porque se trata de aceptar que el autor no lo es todo, se trata de empezar a pensar que en muchos casos es apenas nada, una capa más de la lasaña que Giulio Einaudi cocinaba como nadie:

> Pensaba el otro día, ante esta publicidad que es siempre la misma, que de un editor a otro parece copiada porque todos los libros parecen iguales, todos importantísimos y fundamentales [¿Y si el editor se

atreviera a decir?:] querido lector, este mes no tenemos gran cosa, un viaje a Mesopotamia, un libro normal de un americano desconocido, un libro de un joven que se nos ha presentado así por las buenas. Noticias sinceras, en una palabra [esta cita volverá a aparecer más adelante, pues sirve para varios estratos del mundo literario].

Por último, una comparación prosaica de cuánto supone la ayuda extra en la creación literaria que nos venden como excelencia del espíritu humano tocado de divina singularidad. Una costumbre habitual en el deporte profesional es el dopaje. Muchos se preguntan cuánto ayuda en las prestaciones de un atleta. Hubo un caso que permitió medirla: un atleta que corría los cien metros en 9"92 se dopó mucho (por dinero) y alcanzó el récord mundial con 9"78. Lo pillaron y fue descalificado. El dopaje, pues, ayuda, pero no hay que olvidar que antes hay que ser capaz de llegar a 9"92 sin que te pillen, lo que no está al alcance de todos. Dicho de otra manera, para llegar a vender *De qué hablamos cuando hablamos de amor* hay que haber escrito antes *Principiantes,* lo que no está al alcance de todos. Considerar dopaje, o no, el paso que lleva del primero al segundo va a gustos y depende del nivel de condescendencia porque hoy en lo literario todo tiene una importancia relativa, más aún si alguien se puede permitir liquidar las cuestiones serias con una ocurrencia y quitarles gloria y dinero: *«Both Carver and Lish are copying Hemingway, but Lish is better at it»* (Raine). Esto es, demos a las que el editor nos vende como obras maestras una importancia relativa y recordemos que del famoso libro de Copérnico se hicieron solo tres ediciones entre 1543 y 1617, por lo que la frase de Thomas Fuller («La cultura ha ganado principalmente con aquellos libros con los cuales los editores han perdido dinero») no es solo una *boutade.*

La cuestión de la complicidad del autor con el editor para hacer de un texto literario un producto digerible y diferente al que sale de la pluma del autor tiene un nuevo capítulo, el dedicado a la edición de las obras de Murakami.

Who We're Reading When We're Reading Murakami es un libro interesantísimo de David Karashima publicado en Nueva York en 2020. El autor estudia con detalle lo importante que fue la tarea del traductor al inglés para hacer comprensible la obra de Murakami en Occidente. Una anécdota sabrosa apunta que traductor y editor (con el permiso de Murakami, pero sin el escritor delante) dedicaron días y días en jornadas de ocho horas al trabajo de dejarle «digerible» al lector estadounidense una de las primeras y más vendidas novelas del escritor japonés. A partir de aquí, para Murakami, el mundo americano fue un camino de «flores y violines». El libro de Karashima se puede leer desde muchos frentes. Se podría pensar que, cuando los intereses compartidos por todos los que viven de los libros van en la misma dirección, la obra literaria se puede remodelar, reescribir, rescribir, corregir, manipular sin que pase nada y ofrecer en todos los formatos habidos y por haber siempre que sirvan a la causa del mercado.[69]

Según se mire, podrá decirse que toda esa tarea deturpa el texto original para someterlo al gusto de los más, contentar la vanidad del autor que quiere verse leído a toda costa, alegrar la billetera del editor y del autor y justificar otras razones más o menos lícitas. Podrá decirse también que el autor se ha vendido por un plato de millones de lentejas, o que, por el contrario, los editores y correctores no tienen derecho a

69 No es mi intención profundizar en el *brand* Murakami más allá de cuanto sirva para glosar la cuestión Carver-Lish. El debate se abrió hace años y aún no se ha cerrado, *cfr.* P. Scrolavezza, «Fra *global novel* e letteratura *prêt-à-porter:* il *brand* Murakami Haruki», en Benvenuti (ed.) [2023:163-184].

entretenerse con una obra literaria con la única intención de ganar dinero. Todas estas son disquisiciones de alto nivel cultural o literario que en las épocas que estudia Grafton escapaban a la tarea del simple corrector de imprenta de antaño, pero que hoy afectan mucho a la tarea del *editor,* pues se le suele pedir que rehaga la prosa literaria del autor y la convierta en algo nuevo y apetecible a cuantos más mejor.

Muchas de las complicidades que se establecen entre los componentes de la lasaña de siete capas que es el mundo editorial, desde la más alta y sabrosa (el autor) hasta la más baja y untosa (la cuenta corriente), se forjan cuando todos desean entrar en un mercado potente para salir luego de él más potentes aún. De ahí que la expresión «hacer de Murakami un autor digerible» para el mercado estadounidense pueda inculpar a quienes, lícita y explícitamente, se dejan manipular los verbos. Una editora excepcional, Grazia Cherchi, puso sobre aviso a los editores europeos hace casi cuarenta años acerca de por dónde ha de empezar el éxito. A propósito de un libro de Umberto Eco escribió: «El libro tiene el sabor de las patatas fritas en un *fast-food,* y el hecho emocionante de que haya tenido éxito en Estados Unidos es la única razón por la que ha tenido éxito en Europa».[70]

El libro de Karashima da patente de corso y aire de oficialidad a algo que en otras tradiciones editoriales no solo es habitual, sino que también está aceptado y no se esconde: la mano que mece los originales no es siempre la del autor. Cuando me ha tocado, en calidad de simple corrector de pruebas, revisar algunas novelas para el mercado español, las

70 G. Cherchi, «Non si sfugge alla rosa. Ma in nome di che cosa?», *Il manifesto*, septiembre de 1984, y recientemente en *Scompartimento per lettori e taciturni. Articoli, ritratti, interviste*, R. Rossi (ed.), minimum fax, Roma, 2017, pp. 83-86 [86].

cartas de los autores solían incluir la frase «de acuerdo, pero que las correcciones no alteren el sentido de la obra de arte», aunque en muchos casos la obra tuviera poco de obra de arte. Abundando en lo habitual en otras latitudes, Grafton recuerda (con Raine) que Ezra Pound eliminó la rima del borrador de *La tierra baldía,* que Maxwell Perkins convirtió montones de páginas mecanografiadas por Thomas Wolfe en largas y coherentes novelas, y que Charles Monteith desechó muchas tiradas de *El señor de las moscas.*[71] No hablamos de resolver un anacoluto con el añadido del verbo «oír», sino de llegar a consentir que el editor corte cincuenta páginas en una novela y la autora lo acepte, lo agradezca y lo comunique, como hace Antonella Lattanzi.[72] En resumen, hablamos de un procedimiento editorial que remite a la frase de Grafton y al miedo que Carver pudiera tener de que los otros vieran que lo suyo no era del todo suyo. A veces, el miedo del autor se convierte en desfachatez cuando llega al editor, que publica a los cuatro vientos que lo que tiene el lector en las manos es la flor y nata de la literatura y que debe confiar en él, aunque el editor sepa que miente.

71 Mucho más cerca, recordemos que es *vox populi* que el famoso *Il partigiano Johnny* de Beppe Fenoglio es una composición del solvente Lorenzo Mondo para Einaudi (1968) a partir de las carpetas, en absoluto orgánicas, dejadas por el autor, muerto en 1963. Asimismo, es de conocimiento general que muchos editores de textos en tiempos en que la última voluntad del «autor» es peor que la voluntad del «corrector» comparten esta cualidad con Ezra Pound, que fue *«bravissimo nel tagliare i versi altrui, insensibile al proliferìo di ciaffi nei propri»,* según A. Arbasino, *Ritratti italiani*, Adelphi, Milán, 2021, p. 313.

72 En una conversación mantenida el 24 de febrero de 2021 entre Carlo Carabba, editor de Harper Collins en Italia, y Antonella Lattanzi, autora de *Questo giorno che incombe,* la autora afirma: «En la primera lectura, él me dijo: estas cincuenta páginas se pueden quitar. Y yo las quité». La autora publicó la novela siguiente con Einaudi. La conversación en https://www.giudittalegge.it/2021/02/24/chiacchierando-con-antonella-lattanzi-insieme-a-carlo-carabba/

§ x.2. El editor ejerce de autor. Autocrítica necesaria

Una de las cosas buenas que tenía la literatura salvaje era la capacidad de crear disensiones igual de salvajes. Estamos en 2022. En un lugar de reunión virtual en el que se dejan opiniones sobre libros, alguien escribe que no se atreve a ponerle nota a uno porque no sabe decir si es de su agrado o no. La lectora (firma con nombre femenino) dice que lo que le vende el editor en la cuarta de cubierta es exactamente lo que se ha encontrado desarrollado en el texto del libro que ha comprado. La queja de la lectora se centra en tres puntos: le resulta imposible empatizar con los personajes, la prosa es recargada y confusa y el final no está claro.

La recensión es acertadísima. El libro es exactamente así. Pero ¿es malo que sea así? Que sea así, ¿es razón suficiente para no saber calificar un libro? ¿Y si los motivos de queja no fueran descuidos del autor y sí recursos literarios puestos no aleatoriamente en el libro y sí estrategias creativas buscadas y utilizadas a propósito? Que sean todo esto no las libra por sí del error, pero si pueden justificarse o contradecirse querrá decir que algo ya ha conseguido el autor desde el punto de vista literario. Si son un error pueden servir de acusación, pero si son un acierto pueden considerarse un argumento de la defensa, para eso sirve la lectura que quiere llegar donde no llega la recensión moderna, que es la versión aplacada —por el miedo a perder el puesto o los seguidores— de lo que antes se llamaba crítica.[73]

73 La diferencia de talante entre crítica y recensión viene de lejos. *Cfr.* H. M. Enzensberger, *Mediocridad…* [1991:51]: «Para el respetado crítico de antaño la literatura era un nexo de escritos que él amaba u odiaba, admiraba o detestaba. El agente de circulación [recensor], por el contrario, no muestra interés por el texto, sino por las tendencias, que descifra leyendo sus entrañas. El vencedor será quien

Primero apuntaré razones por mi cuenta; luego, recopilaré unos cuantos pareceres de críticos solventes que hablan de estas características en las novelas. A estas alturas, me apetece más criticarme (llevarme a la *krísis,* como he dicho) que justificarme.

Es muy posible que mi prosa no esté al nivel de mi imaginación, pero es seguro que mi imaginación no está en el mismo plano que el de la lectora. No hay que hacer un drama de ello: no lo he de hacer yo como escritor o imaginador (persona que sueña mientras vive) que no está a la altura de una lectora ni, mucho menos, la lectora en el papel de descifradora que se siente desorientada. Seguramente, la que debe sentirse más tranquila es la lectora, pues con cerrar el libro podrá olvidar, más pronto que tarde, el descontento o el desconcierto. Banalmente dicho: la lectora tiene muchos libros y puede prescindir de este. Viceversa, el autor solo tiene una vida y, como mucho, media docena de prosas y de cosas que contar, por eso me parece lícito que le dé muchas vueltas al asunto. De una cosa estoy convencido: procuro no escribir por encima de mis posibilidades; intento acoplar la cosa a las posibilidades para, luego, poder discriminar con frialdad los libros que quieren ser publicados por encima de sus posibilidades.

Para que sirva de confirmación de los capítulos anteriores, de una cosa estoy seguro: mi vida no está al nivel de mi prosa, y se necesita una gran dosis de presunción para pensar que una vida (por mucho que a todo el mundo asista el derecho a creer que tiene gran valor haber lidiado con eso tan complejo y costoso como es vivir) es de por sí de interés literario.

logre ser el primero en anunciar la tendencia imperante; el perdedor quien sea el último en repetir lo anunciado».

No menor error me parece pensar que la literatura se deja acomodar fácilmente a lo banal y ser arrastrada hasta colmar, sin quejarse, los desfogues del autor que prefiere hablar de sí mismo porque (concedámosle esa capacidad como si fuera algo poco habitual) tiene la capacidad de crear recuerdos. Son dos de las razones por las que intento alejarme todo lo que puedo de la autoficción según la resumo arriba: desparrame lírico y justificativo del yo destinado a crear empatía.

Sobre la empatía. Es posible que el libro en cuestión sea un fracaso por culpa de los detalles que causan perplejidad en una lectora, pero el fracaso no ha conseguido que cambie algunos comportamientos: he decidido que nadie podrá impedirme que procure por todos los medios que el próximo libro que escriba esté mejor escrito que el anterior y que la empatía moderna no me limite en el caso de que me apetezca mostrarme borde. ¡Ja, como si fuera fácil decir qué es un libro bien escrito! La recensión publicada en la Plataforma me ha animado a buscar una definición: «Considero que un libro de los míos está bien escrito cuando la distancia que hay entre lo que quiero decir y lo que quiero que interprete la lectora es cortísima cuando ha de ser cortísima y larguísima cuando ha de ser larguísima». Como todas las sentencias, admite glosas: «Podría considerar bien escrito aquello en lo que la distancia interpretativa entre lo que me interesa decir y lo que soy capaz de decir tiende a cero».[74] Escribir así supone, además,

74 Domenico Starnone, en la glosa a *Via Gemito* (2000) que es *Il vecchio al mare* (2024), dice que escribir bien es *«trovare le parole giuste per dare un senso a ciò che mentre vivi viene giù a vanvera* […]» para lo que es necesario *«lavorarci sopra di vocabolario»,* en *ibidem,* Einaudi, Turín, 2024, pp. 86-87. Para Juan Marsé, la tarea del escritor consiste es dominar la desenvoltura y la verborrea cuando le vienen de fábrica y quitarles la farfolla; mejor dicho: «La buena prosa no manifiesta el talento de su autor; simplemente lo contiene», Marsé [2021:285].

una gran ventaja para el autor sometido contra su voluntad a la tiranía del mundo de las redes sociales: si todos entienden lo mismo, todas las reseñas podrán ser iguales y copiadas y reproducidas. De este modo, el lector y la crítica no deberán descifrar nada, les bastará con citar al autor y quitarse de encima con un par de emoticonos el compromiso que han contraído con el editor —o con el autor, si es el caso— que les ha enviado los libros. Llevamos tiempo avisados:

> En redes sociales como Facebook ha aparecido un nuevo mecanismo de interacción entre el escritor y sus lectores o, si preferimos, un nuevo tipo de venta puerta a puerta: el escritor se declara dispuesto a donar de forma privada una de sus historias o de sus poemas «exclusivos» a cambio de comida; entiéndase: el escritor envía algunos ejemplares de su libro de forma gratuita a cambio de una «reseña personalizada» [Siti 2021:143].

Sobre la imposibilidad de empatizar con los personajes. No puedo sino felicitar a los lectores que no lo consiguen cuando se relacionan con los de mis novelas. Me alegro, por dos razones: a) demuestra que son buenas personas, pues una persona decente no debe empatizar con editores de textos medievales, con editores odiosos, cobardes, peseteros, infieles, lujuriosos hasta la obsesión, arribistas, vendidos, faltos de escrúpulos, falsificadores… ni con nazis, borrachos, mentirosos, vanidosos, engreídos correctores de novelas, y hasta pintores comunistas y concejales de urbanismo, y mucho menos con Erasmo; y b) porque quiere decir que he conseguido crear unos personajes literariamente bordes. Sí, lo confieso, prefiero que los personajes sean «impertinentes o mal intencionados», y cosas aún peores, porque la sátira se nutre de gente así, personajes que acaban de perfilarse si van por la vida con el desparpajo de la sonrisa y pasan por simpáticos; esto es: viven con hipocresía. Personajes así dan la razón a la cuestión fundamental de la literatura. Me irrita: «El autor que exige a la literatura la tarea de "decir la verdad" y, por regla general, exige que las "historias" deban "cultivar la empatía"». Detesto: «La necesidad de un "uso responsable de las palabras" incluso en la novela y (algo menos) en la poesía». Es posible: «Que la literatura pueda llevarnos al odio, de los otros y de nosotros, y pueda hacer que dudemos de la verdad, que sirva para poner orden en el caos, pero también caos en el orden». No me fío de la «"función ansiolítica" de la literatura mediante imputación a la misma de su poder disgregador y destructivo, de la capacidad de aumentar el ansia y la desesperación en quien la escribe o en quien la lee» [Siti 2021:185 y 60].

> No he pensado nunca que los personajes ni las reflexiones de los ensayos sirvan para afirmar los principios y creencias que todo el mundo parece sustentar, como tampoco intento garantizar la corrección de nuestros sentimientos [...]. El mundo de la ficción nos libera de las restricciones a las que la sociedad somete el sentimiento [Roth 2019:67].

Sobre la prosa recargada. No hace falta ser admirador a ultranza de la prosa de Giorgio Manganelli (mantecosa la juzga Marchesini) o de Juan Valera para argumentar que la búsqueda de un estilo propio, aunque sea recargado, es uno de los derechos del escritor, y que una de las obligaciones del lector y de la lectora es comprender que leer no tiene por qué ser siempre un paseo por la parataxis y las oraciones nominales de las didascálicas escenas escritas en los guiones cinematográficos —«Exterior. Noche. Cara de enfado. El diente de oro alumbra toda la avenida»— o los apartes del teatro. No se le puede negar al autor la voluntad de estilo, la libertad de mezclar senequismo y gongorismo en el siglo XXI; sí se le deben negar la nulidad argumental y la arbitrariedad gramatical, pero esta es otra historia. Tres ejemplos.

La llamada «voluntad de estilo» es el agente modificador gracias al cual el escritor, en paráfrasis de una definición quevedesca, se viste de sí mismo para la eternidad. La elaboración de un estilo literario participa, por tanto, del carácter dramático que tienen los actos complejos, sean trágicos o no dependan de la voluntad del destino: «Redúcese finalmente a un conjunto de aceptaciones y rechazos ante las posibilidades expresivas y comunicativas de un idioma» [Marichal 1957, capítulo VIII].

No tengo un armario que me permita vestir para emprender un viaje a la eternidad quevedesca, pero sí me ha gustado pensar que «escribir literatura no es un acto social y el objeto literario es oscuro, denso —pingüe, podríamos decir—, opaco, está lleno de pliegues casuales, muta constantemente las líneas de fractura, es una trama taciturna hecha con palabras sonoras» [Manganelli 1985:219 y 221]. No es necesario llegar a declararse seguidor incondicional del gongorismo para que la voluntad de estilo se muestre a su aire y no como marca personal obligatoriamente compartida.

Calvino insistió en que la ligereza de estilo, que no tiene que ser comprendida por todos ni estar al alcance de todos, consiste en hablar con precisión de temas que se conocen y en los que basta con adecuar el conocimiento a la expresión para que los planos que forman la literatura y la lectura (el mundo inventado y la expresión personal del mismo) no desentonen. Me parece una exigencia inexcusable, y el escritor debe pedirse conocer el mundo que quiere relatar como si fuera la palma de la mano para poder expresarlo con lo que él entiende por naturalidad o estilo personal. Sin embargo, el escritor no puede pedirle al lector que comparta con él idéntico concepto de naturalidad. El lector no está obligado a conocer al dedillo el mundo que ha decidido novelar el escritor (he disfrutado las aventuras del capitán Alatriste sin necesidad de ser el capitán Alonso de Contreras). El lector puede exigir al autor que no desafine, pero no puede exigirle que escriba como le conviene al lector. Puede pedirle, debe pedirle, que quede claro si lo que explica lo conoce de primera mano o por invención interpuesta, que a través del estudio (¡la sinceridad!) o de la invención sea capaz de transmitirle lo que quiere que pase en el libro.

El estilo no debería medirse por el grado de aburrimiento que provoca en la lectora, o por el nivel de oscuridad al que acarrea al lector; lo importante es que represente el mundo que tiene detrás. No es lo mismo hablar, desde el despacho de una editorial, del mundo de las fábricas turinesas en pleno auge del Partido Comunista de Italia que hacerlo con un mono de trabajo desde la puerta de la fábrica; no es lo mismo hablar de la complejidad literaria si se ha leído a la millonaria de Amazon o a Tolstói. El escritor debe, sí, escribir preocupado por evitar la confusión gratuita que podría provocar en el lector una prosa a la remanguillé, pero debe obsesionarse aún más con el lenguaje que ha decidido utilizar y llevarlo hasta las últimas consecuencias; en tiempos, se llamaba coherencia; si me pongo viejo, esnob y retrógrado, puedo decir que «la perseverancia en el estilo» ha marcado la cultura occidental. Es un hecho, «Ilión perdura en el hexámetro».[75] Una razón podría ser que «no los acontecimientos históricos,

75 J. J. Borges, *Los conjurados,* Alianza Editorial, Madrid, 1985, p. 63, poema titulado «Posesión del ayer».

no el salvoconducto de las historias literarias nos dan acceso a la literatura, sino la definición del lenguaje que en ella se estructura» [Manganelli 1985:220].

No basta con que los argumentos provoquen disolvencia o calma, la parte objetiva de la literatura no debe ser una fábrica para expender por millares píldoras tranquilizadoras. El triunfo de las redes sociales no ha arrinconado solo la complejidad de los razonamientos, ha conseguido que la voluntad de estilo sea un demérito. Por causa o como consecuencia de los nuevos sistemas de comunicación del yo, el gusto por el «fragmento tiene algo de fatal, para no llamarlo resignación, prevalece en él la sensación de facilidad, no de lo trágico sino de lo obvio; no sirve para descerrajar, sirve para pasar por alto».

No tiene sentido desempolvar el viejo debate entre gongorismo y senequismo, no me aceptarán que me remonte tanto cuando ahora lo que interesa es que el texto pueda ser insertado (sin necesidad de perder tiempo en repensarlo) en más de un formato, que la historia del yo pueda ser comunicada también mediante la invasora aparición mediática de los autores. Tendencia a la estandarización, se llama. Y para que la estandarización quepa en radios, redes sociales, recensiones a título de inventario, es conveniente que

> los textos puedan ser trascritos fácilmente en otros sistemas de signos (tebeo, pódcast, *graphic novel,* películas, series de televisión, musicales, blog); mejor un estilo que no requiera mucha cultura literaria en quien lee ni le exija esforzarse en descifrar la sintaxis; es decir, pocas alusiones y homenajes a la tradición [Siti 2021:37, 51-52, 40].

Sobre los finales ambiguos. No tengo un parecer, ni hipotético ni concluyente, de por qué prefiero la ambigüedad a la claridad en los finales literarios. Quizá porque de pequeño no me daban potitos Blédine y comíamos sin triturar lo que daba la vida campesina; a veces, implicaba tener que masticar las cosas (se me perdone el irenismo).

No seguiré por el camino de «la crítica literaria con la prosa del yo». Será mejor que me centre en tres testimonios de autoridad sobre la ambigüedad en la novela. Javier Cercas dedicó un volumen titulado *El punto ciego* a desvelar uno de los misterios del género novela; esto es —si no me equivoco—, a la capacidad de dejar irresuelto un problema creado por el escritor, cuya principal tarea es encontrar o crear un conflicto donde antes no lo había:

> Escribir una novela consiste en plantearse una pregunta compleja para formularla de la manera más compleja posible, no para contestarla, o no para contestarla de manera clara e inequívoca; consiste en sumergirse en un enigma para volverlo irresoluble [Cercas 2016:18].

La ambigüedad, la irresolución, la riqueza del final con mil caras no concluyentes, el punto ciego, en definitiva, aboga por el redescubrimiento de la paradoja en sentido etimológico, es decir, por ir más allá de lo habitual, de lo conocido, y —como consecuencia— sentirse a gusto con las contradicciones y con la provocación de extrañeza. La ambigüedad invita a refugiarse en las paradojas, las contradicciones y las provocaciones con el paraguas que supone la afirmación de José María Valverde cuando aseguraba que se puede crear un héroe y un personaje nacional con la figura de un «desgraciado en la victoria», se llame Ulises, Quijano o Darcy.

No quiere decir que a más ambigüedad, más garantías de que la novela tenga una categoría incuestionable. Se necesitan además capacidades complejas e interesantes que no están al alcance de todos y que, en el caso que nos ocupa, demuestran que tampoco al mío. Si la literatura tiene rasgos intransferibles y distintivos, entonces escribir, sea del yo, sea del objeto, requiere tanta práctica como el salto con pértiga,[76] es un trabajo para esforzados:

> Para la escritura literaria, la ambigüedad es fundamental y no se puede eliminar, el texto literario es un conjunto donde todo puede combinarse con todo, están permitidos los paralelismos y sugestiones de todo tipo; en literatura, los culpables son también inocentes y los inocentes hasta culpables, no hay detalle que no pueda desarrollarse hasta el infinito o ser generalizado, convertirse en algo metafórico, simbólico, emblemático o mítico [Siti 2021:148].

¿Significa esto que para algunos críticos la complicación del objeto garantiza calidad literaria en la medida en que el autor es el único que entiende la complicación del mecanismo, el efecto *tourbillon* en el que ha insertado lo que nos quiere contar? No necesariamente, quizá significa que entre una prosa del yo que funcione con idéntica complicación a la que tiene el juego del tres en raya y el estructuralismo experimental más complejo hay un punto intermedio, una literatura del yo y del objeto (el *Lazarillo de Tormes*) en la que caben los cinco pilares básicos de la escritura, ya citados: invención, disposición, elocución, memoria y *actio.*

Se ha vuelto a poner de moda la técnica de lectura, o de estudio, que críticos estadounidenses dicen haber inventado a principios del siglo XX: el *close reading* o lectura atenta. En

76 Sobre el trabajo literario, *cfr.*: «*Ma allora la poesia è una questione di fortuna? Oppure, come per il salto con l'asta, ci vuole un minimo di allenamento?*», en H. M. Enzensberger y A. Berardinelli, *Che noia la poesia. Pronto soccorso per lettori stressati,* Einaudi, Turín, 2006, p. 47.

realidad, leer y apuntar glosas en los márgenes es tan viejo como el leer, más viejo incluso que Nicolás de Lira;[77] la lectura atenta es tan vieja como la escritura atenta *(¿close writing?).* Un manual reciente sobre la lectura atenta subraya que «uno de los grandes placeres de la lectura de literatura lo da la capacidad de apreciar la ambigüedad» y que con la intuición del lector o de la lectora no es suficiente para sacarle el jugo a lo escrito. Para descubrir los placeres de la literatura, dicen los expertos en lectura atenta, se necesita preparación para entender los entresijos de la creación literaria, de la frase y las implicaciones que tiene (lo que los antiguos llamamos «textos y contextos»). En el caso que nos ocupa, no es necesaria farfolla académica para entender lo que quería decir, basta con no buscarle al gato la pata que no tiene. Quienes estamos incapacitados para conseguir la «excelencia en literatura», según el consejo de Eduardo Mendoza, nos conformamos con que el lector y la lectora se acerquen a nosotros con el *relaxing reading,* que podría entenderse como «déjate llevar donde el leer te lleve». La lectura relajada de novelas podría consistir en incorporar el texto a los conocimientos previos, asimilarlo, con el sosiego necesario para estar de acuerdo o en desacuerdo con él sin que los críticos, la tradición o la ambigüedad sean un freno e impidan decir libremente que una novela no gusta porque no se entiende.[78]

77 Recuérdese el antiquísimo dicho sobre la capacidad fructificadora (o no) de la lectura glosada: *Si Lyra non lyrasset, Luterus non saltasset; Nisi Lyra lirasset, totus mundus delirasset; Si Lira non Lyrasset, Luterus non delirasset.*

78 Véase D. Greenham, *Close reading* [2019, introducción]: *«Developing a taste for this kind of ambiguity is one of the great pleasures of reading literature».* El consejo de Eduardo Mendoza dice: «Hay que luchar por la excelencia en la literatura, que cada frase, aunque sea la más tonta del libro, esté pulida y revisada», entrevista concedida a M. Morales, *El País,* 15 de noviembre de 2018.

Más sobre la ambigüedad, en este caso utilizable en mi contra. Eco dijo en el prólogo a la primera edición italiana de *Opera aperta* [1962] que reducir la ambigüedad a lo que conocemos no significa encerrar la ambigüedad en lo que no es para que se sienta cómoda al lado de algo con lo que no tiene vínculos. No lo es, justamente, por la capacidad dialéctica que tiene lo ambiguo. Eco ponía el siguiente ejemplo: para reconducir una revolución es mejor no utilizar la represión política, sino crear comités que ayuden a entenderla y ayuden a comprender la aparición de nuevos valores. Y la ambigüedad (los finales abiertos, el punto ciego, el desconcierto que provoca el equilibrio inestable) es uno de los valores que no descalifican necesariamente los valores literarios. Quizá la ambigüedad no sea revolucionaria, pero parece que necesite comités centrales para ser explicada. Más detalles utilizables en mi contra: no soy un retórico ni un escritor picaresco. Si fuera lo primero no habrían quedado dudas: «Objetivo constante de la invención retórica es siempre el conseguimiento de una ambigüedad irreducible»; si lo segundo: «El lenguaje refleja con deliciosa malicia la polisemia de la vida […] el mundo no es unívoco, no existen sino los valores vinculados —provisionalmente, además— al individuo, hombres, nombres y cosas se resuelven en tantas realidades como espectadores hay».[79]

La creatividad, la inconclusión deseada obligan a abrir el entendimiento (y las obras). Eco utiliza el arte, pero sería presuntuoso por mi parte decir que lo domino, para romper con todo lo que la tradición (la llama *«abitudine psicologica e culturale»*) propone. Tras romper algo, el hombre dialéctico

79 Dos citas en italiano en los originales. La primera en A. Arbasino, *Ritratti italiani,* Adelphi, Milán, 2024, p. 316, sacada de Giorgio Manganelli [1985:222]; la segunda proviene de F. Rico, (ed.), en *Lazarillo de Tormes,* Adelphi, Milán, 2019, p. 7.

necesita fundarlo, en este caso rehacer un mundo basado sobre la posibilidad y no sobre la certeza canónica. Las sumas medievales se distinguían porque la posibilidad (la dialéctica) siempre ofrecía al final una solución única y unívoca, cerrada, y no admitía disensión salvo que el heterodoxo tuviera un férreo deseo de acabar en la hoguera, aunque aceptaba *excursus* y el juicio aquiescente de hombres dialécticos *(pudet hos nominare).* Yo no quería ponerme tan literario, ni tan dialéctico, ni tan marxista ni tan yo, solo quería que los editores y los lectores y las lectoras no me creyeran un «autor de pluma fácil capaz de escribir una historia de amor con un final feliz» o «una autora capaz de ofrecer un libro ideal para leer en verano». No ser nada de eso me condenará a la irrelevancia en la socialdemocracia de las plataformas que permiten ponerles estrellitas a los libros, pero qué le vamos a hacer, sobreviviré: *sic transit Gloria Gaynor…*

Cuarta parte

VENDER EL YO

Como en cualquier profesión, el negocio editorial atrajo el correspondiente porcentaje de empleados borrachos, irascibles, pendencieros, irresponsables e, incluso, criminales.

S. D. Shaw, «A Study of the Collaboration...», p. 59

Ne puis-je me faire journaliste pour vendre mon recueil de poésies et mon roman, puis abandonner aussitôt le journal?

H. de Balzac, *Un grand homme de provinces à Paris, Les illusions perdus*, II

§ xi. Un fenómeno editorial sin precedentes

En este capítulo quiero presentar una recopilación de autoalabanzas editoriales ofrecidas aquí para que el lector tenga libremente en las manos una pequeña muestra del mundo editorial de entonces y de ahora. No me serviré de la publicidad de agencia, sino de lo que pone en los libros. Son interesantísimos los lugares comunes que utilizan los editores para arropar las novelas: suelen ser expresiones repetidas y por eso tópicas, vacías e intercambiables en más de una ocasión. Los tópicos pueden tranquilizar, pero también hacer que quien los acepta se quede sin respuesta y viva en la inopia. Dicho de otro modo, los tópicos editoriales son otra de las demostraciones de que la novela ha acabado por ser un género editorial y han dejado al género literario a merced de aquel.[80] Aquel se mueve entre unos parámetros que el editor se obstina en hacer estrechos y reconocibles para que el lector

80 A. Berardinelli, *Non incoraggiate…* [2011], estudió la novela como negocio, y las conclusiones coincidían plenamente con el análisis que hizo Giulio Einaudi y se cita al final.

se encuentre cómodo y seguro cuando toma un libro y va a la cuarta de cubierta y luego pasa por caja. Por el contrario, si hacemos paradoja de la reflexión de Calvino en 1959 —«cuanto más concreta y sólida es la mercancía, tanto menos se deja definir»—, cuanto más fácil resulta definir categóricamente una mercancía, menos concreta y sólida es.[81]

Avanzada la lectura de una famosa historia del libro, se lee que érase una vez un tiempo en que la importancia y el éxito de un libro no dependían de lo que se decía de él, sino de lo que se decía en él: Copérnico fue «una piedra angular de la astronomía» porque relegó al hombre a ser prácticamente nada en el juego de dados, no porque lo quisiera un editor iluminado. Hubo un tiempo en que los libros no se arropaban con fajas llamativas, las encuadernaciones no tenían solapas y no existían las cuartas de cubierta; durante siglos, no fue costumbre regalar ejemplares a gente con más buena voluntad que preparación para que liquidara la cuestión de la importancia del texto en un par de párrafos tópicos al lado de una foto de dudoso gusto y siempre atenta a no enfadar a nadie, no fuera a ser que se acabase el momio. Hubo un tiempo en que era importante decir cosas, no vender cosas.

Todo esto no significa que quienes, en aquellos tiempos, intervenían en la fabricación de un libro —autores, traductores, correctores, impresores, editores— y no tenían a su disposición fajas, fotos, solapas y cuartas de cubierta no intentaran venderlo por todos los medios, sino que utilizaban otros. Aunque fueran métodos diferentes, los editores de entonces perseguían los mismos objetivos comerciales que los editores de hoy: vender el libro a toda costa, por lo que con frecuencia recurrían a la exageración de las virtudes del producto y, con

81 I. Calvino, *Punto y aparte* [1983:66].

más frecuencia aún, a la mentira, a la inventiva y a la excusa artificiosa o subterfugio. A pesar de brindarse a participar en la exageración con finalidad comercial, autores, traductores, correctores, impresores, editores, etcétera, no aceptaban de buen grado que se les comparara o equiparara con simples vendedores, pues los intelectuales estaban convencidos de que el trabajo en el que se dejaban los ojos y el dinero pertenecía a una escala de valores en la que la labor intelectual y cultural estaba unos peldaños por encima de la labor comercial. Es decir, a los autores de campanillas que se prestaban (o vendían) a la promoción del libro no les gustaba que les llamaran agentes comerciales, preferían considerarse una especie de «agencias de certificación de calidad» que funcionaba con un mecanismo muy sencillo: «esto es bueno porque lo digo yo». En la historia del libro, algunas cosas siguen iguales que hace quinientos años, cuando Erasmo representaba alguna de las categorías citadas en las frases anteriores. Es posible que un autor de campanillas esté hoy dispuesto a decir que un libro merece ser premiado y luego comprado siempre que se lo pida el editor, aunque el libro no merezca ser comprado, no merezca ser leído; ya no hablemos de ser premiado.

Puede resultar entretenido recorrer los talleres de imprenta desde mediados del siglo XV hasta los tiempos del premio Planeta para encontrarse algunas de las expresiones que utilizan los fabricantes de libros con la intención de convencer a los lectores. Se les solía recordar que el objeto que se disponían a comprar era un libro fundamental que no podía quedarse en el estante de la librería, aunque el tiempo demostrarse más tarde que se trataba de una castaña pilonga y aunque el editor supiese de antemano que no se trataba de un «acontecimiento literario» ni de una «piedra angular de la geología». Si cambiamos el tiempo verbal de la frase anterior y lo ponemos en presente, hoy, a veces, las castañas pilongas se venden a cientos de millares, pero no dejan de ser castañas pilongas; otras veces, ni se venden, sean castañas o joyas incontestables de la creación humana. A propósito de joyas incontestables que no gozaron del favor del público sirve el ejemplo de Copérnico. El autor murió poco antes de que acabaran la impresión de su libro principal. No se puede asegurar que el título lo decidiera él, tampoco lo contrario. Cierto es que en la portada se anuncian

> Los seis libros sobre la revolución de los cuerpos celestes compuestos por Nicolás Copérnico de Thorn. Encontrarás en esta obra apenas escrita y recién impresa, aplicado lector, la explicación al movimiento de las estrellas fijas, y al de las errantes, sacada de autores antiguos y de observaciones recientes, justificada además con hipótesis admirables. Encontrarás también tablas clarísimas con las que podrás calcularlo fácilmente. Así pues, compra, lee, disfruta.[82]

Ahora sabemos que Copérnico tenía razón en lo del Sol y la Tierra, por lo que el título puede parecer demasiado prudente. Imaginemos un editor moderno, de esos sensacionalistas y sin miedo a la Inquisición, y pensemos qué título le pondría al libro que demuestra que la Tierra no es el centro de la Creación sino el último y más polvoriento rincón del universo.

82 *Nicolai Copernici Torinensis De reuolutionibus orbium coelestium, Libri 6. Habes in hoc opere iam recens nato, & aedito, studiose lector, motus stellarum, tam fixarum, quàm erraticarum, cum ex ueteribus, tum etiam ex recentibus obseruationibus restitutos: & nouis insuper ac admirabilibus hypothesibus ornatos. Habes etiam Tabulas expeditissimas, ex quibus eosdem ad quoduis tempus quàm facillime calculare poteris. Igitur eme, lege, fruere,* Núremberg, en el taller de Johann Petreius, 1543. El libro no fue un éxito. En época antigua se reimprimió en 1566 y 1617, eso es todo.

Por abundar en la relación del sentido común con la ciencia y con el sensacionalismo, podemos imaginar que ese editor podría titular el libro que demuestra que la Tierra tiene millones de años como *Que el mundo se creó en siete días no se lo cree ni Dios. Con declaraciones que demuestran el engaño.*[83]

En la historia de la cultura editorial es fundacional el momento en que un intelectual respetable, en 1533, le echa en cara a otro intelectual igualmente respetable que «como te has convertido en editor, tus teorías literarias no tienen valor porque el único interés que te mueve al publicar libros es ganar dinero y no la verdad y la profundidad de la doctrina». En los cimientos de 1533 se basó el gesto de Juan Marsé el día que abandonó a su suerte a los del premio Planeta, se largó de la pantomima y dejó tras de sí una interesante teoría sobre el cultivo de las castañas pilongas.[84] La historia de la espantada del autor de *El amante bilingüe* y la confirmación de que los editores utilizan «año tras año las mismas obligadas mentiras» a la hora de ponderar la «superior calidad literaria de los originales» presentados al premio se lee en Marsé [2017]. De entre cientos de miles de exageraciones aparecidas en los alrededores del libro —hasta la solapa todo es libro—, he querido elegir unas cuantas para que la antología sea representativa porque la idea básica es una y las argumentaciones pocas y se repiten. Es difícil ser exhaustivo y concluyente si se trata un asunto que tiene casi seiscientos años de historia y ha producido decenas de millones de ejemplos. Me conformo

83 Compárese con el original: Ch. Lyell, *Principles of Geology: Being an Attempt to Explain the Former Changes of the Earth's Surface, by Reference to Causes Now in Operation,* Murray, Londres, 1830-1833. Según algunas historias eclesiásticas, el mundo tiene solo unos pocos miles de años.

84 La queja de 1533 tiene relación con el famoso humanista Wolfgang Capito, *The Correspondence…* [2015:142].

con ser heraldo de una forma de entender los «paratextos» que con voluntad comercial se añadían y añaden a los libros.

§ XI.I. Esta novela cambiará el curso de la literatura

Por abundar en el marco temporal de lo que intento explicar. A) En 1466 se imprimieron no llega a dos docenas de libros; se conservan unos quince y no llegan a cinco los que pusieron la fecha de manera explícita en el colofón o pie de imprenta, siempre que nos podamos fiar de ellos. Todo lo que el autor o el editor querían o necesitaban decir del libro cabía en unas pocas líneas impresas tras el cuerpo del texto. En uno de estos colofones de 1466, el impresor Ulrich Zell se limita a dar gracias «infinitas» a Dios por haber podido acabar la edición del primer libro que publicó,[85] esto era todo; en la reedición de hacia 1467 se limitó a un escueto *«deo laus»*, con minúscula. B) El domingo 19 de diciembre de 2021, en uno de los quioscos del pueblo donde compré el periódico, vendían libros de saldo. Los libros de saldo no son siempre libros de segunda mano o usados. El que compré estaba impecable, como si hubiera dormido en la recámara del quiosco el sueño de los olvidados. Por un euro compré (y leí) en 2021 la edición de febrero de 2010 del libro de Guillermo Saccomanno titulado *El oficinista.* El libro fue galardonado con el premio Biblioteca Breve de 2010. El jurado del premio lo formaban escritores y editores de reconocido éxito. En la solapa posterior y en la cuarta de cubierta (es decir, por duplicado) los miembros del jurado ponderaban el libro premiado. Uno decía que se trataba de una «singular hazaña novelística»,

85 Se trata de Juan Crisóstomo, *Sermo super psalmum L: Miserere mei Deus* (Comentario al salmo quincuagésimo), Ulrich Zell, Colonia, 1466.

otro que el comprador tenía en las manos «un triunfo del arte de novelar», otro que se trataba de una «sobrecogedora novela [...] un libro inolvidable»; finalmente, de parte de los editores se decía que había «un antes y un después de leer esta novela». No parece que tras la publicación del libro de Saccomanno la Tierra haya dejado de girar alrededor del Sol, que los avaros hayan dejado de ser avaros, los vendibles no se vendan, los inolvidables no hayan sido olvidados y las guerras sean humanitarias. Los recalcitrantes pueden pensar que los lectores del pueblo donde compré el libro son unos paletos y que no saben de literatura y convierten en olvidables libros «inolvidables», pero eso sería faltarles el respeto a las lectoras de pueblo y darle crédito exagerado a quienes se ofrecen para decir exageraciones en las solapas. Por supuesto, la frase anterior no quiere decir que los alabadores que se prestan (o venden) a escribir solapas y cuartas de cubierta estén equivocados o tengan un juicio literario desechable, sino que la distancia entre los gustos de estos y el de los lectores es a veces muy grande. No es que sea preocupante si ocurre una sola vez, pero que ocurra muchas podría tomarse como una invitación a revisar los criterios, o a dudar de ellos. Por supuesto, la queja no tiene como diana a Saccomano, que es escritor digno, sino a los que lanzan elogios bien por encargo o bien convencidos, pero que acaban por llegar solo a gentes de otros planetas.

La expresión que describe las novelas como capaces de cambiar el mundo, sea el mundo de verdad, sea el del lector, es muy del gusto de los ponderadores de libros. En la polémica entre Marsé y la editorial Planeta, el novelista argumentaba que no se podía tolerar que el mundo y la vida de los lectores dieran un vuelco cada vez que un editor quería vender una novela y que este afirmara cada dos por tres que se disponía a poner en circulación un libro que iba a cambiar «el curso de la literatura contemporánea» aunque el editor supiera que tenía entre las manos una de esas castañas pilongas que se venden por cientos de miles porque lo dice el premio. Recuérdese que uno de los implicados en el enfado de Marsé, Jaime Bayly, le confesó más tarde al barcelonés que, sencillamente, tenía razón, que muchas veces se pone en circulación mercancía defectuosa etiquetada como en perfecto estado:

> Después del premio, Jaime Bayly quiso hablar conmigo y quedamos un día para tomar una copa en el Majestic. Me confesó que su novela no estaba terminada, que algunos capítulos solo estaban apuntalados, y que entonces le comunicaron que iba a ser finalista del Planeta y la acabó deprisa y corriendo. «Acepté —me dijo— y sé que no tendría que haberlo hecho» [Cuenca 2015:613].

Lo que de esta cita interesa a la historia del libro es el «sé que no tendría que haberlo hecho», pero lo hice. Según cuenta Marsé, hasta los periodistas aceptan y callan detalles que por deontología deberían denunciar, según él. Así,

> inmediatamente después de la concesión del premio, dimití. Una decisión que algunos medios tacharon de pretenciosa, incongruente y desagradecida (yo había sido premio Planeta en 1978) e incluso de ingenua, porque, según escribió cierto periodista, durante la cena del Planeta, en la mesa que él ocupó «todos sabíamos que la ganadora iba a ser Mari Pau Janer», yo, como un panoli, en la inopia. Consideré esa nota de prensa una desvergüenza profesional, porque si el periodista en cuestión ya sabía que el premio era para Maria de la Pau Janer, es decir, que estaba amañado, ¿su obligación como periodista no era denunciarlo? [Marsé 2017].

En la biblioteca municipal del pueblo modelo en el que se ha llevado a cabo una parte de la investigación de campo para este panfleto —un pueblo que podríamos considerar equivalente al Springfield simpsoniano, una antología de valores nacionales en la España que no cuenta— tienen un ejemplar muy curioso de un libro de Luis Zueco.[86] En la página de créditos se lee «séptima edición», pero la faja que lo arropa dice «décimo tercera edición», aunque es probable que no sea una artimaña comercial sino un error del encuadernador, o un confundir el ir con el venir. A propósito de despropósitos, en la página 10 del citado libro se dice que

> la Edad Media no concluyó con el asedio de un castillo, ni con una carga de caballería, ni viajando a los confines del mundo. El Medievo terminó el día que un hombre humilde, un comerciante o un artesano, pudo ir a una librería de su ciudad y volver a su casa, sentarse junto al fuego y leer en su propia lengua un libro como la *Ilíada* de Homero.

Estas frases dejan boquiabierto a cualquiera que haya frecuentado el Renacimiento, la historia del libro, la biblioteca de Cristóbal Colón, la gramática castellana y la recepción de Homero «en vulgar», toda vez que a mediados del siglo XVI el secretario Gonzalo Pérez le vendía a Felipe II la traducción de Homero como si fuera un tratado de filosofía moral aristotélica medieval y de prudencia, no algo que fuera a cambiar el mundo ni concluyera nada.[87]

86 Trátase de un éxito considerable que obliga a replantearse el disculpar el éxito con la divulgación: *El mercader de libros,* Ediciones B, Barcelona, 2021.

87 Es decir, una frase como esta (sea de Zueco o del editor) da para hacer varias tesis doctorales —lo que siempre es de agradecer— sobre el periodo, sobre la «propia lengua» de los lectores y acerca del comercio de libros de tal calado. Serés

En el siglo xv no había periodistas, premios literarios o tuits según los entendemos ahora, pero ya había autores que se implicaban con los editores en la venta de libros, veamos cómo y hasta qué punto.

§ xi.2. El libro está bien escrito y el obispo es un hombre respetado

Juan de Torquemada y Rodrigo Sánchez de Arévalo (m. 1470) conocieron bien la Roma de mediados del siglo xv. Es posible que fueran los dos primeros escritores españoles en ver sus obras impresas, y es posible que fueran también de los primeros autores vivos que pudieron verlas y tocarlas. Un libro de Torquemada vio la luz en 1467 y otro de Sánchez de Arévalo en 1468. Hasta entonces, casi todos los textos pasados por las prensas eran obra de autores muertos, fueran clásicos latinos o medievales, Cicerón o Tomás de Aquino, por lo que no podían decir la suya mientras el libro estaba «en producción». Es decir, los dos autores españoles podrían haber intentado promocionarse de primera mano, más si se sabe que ambos tuvieron mucha importancia en la introducción de la imprenta en Roma. Torquemada murió allí en septiembre de 1468, cuando sus *Meditaciones* llevaban casi un año impresas en el taller romano de Ulrich Han (aunque haya quien opine que la fecha del colofón es falsa). Lo que importa ahora es constatar que del cardenal español hay poca información en

[1997] escribió un libro sobre el asunto de la *Ilíada* en romance y tuvo mucho que decir. La bibliografía sobre la traducción de Gonzalo Pérez es enorme; sirvan de guía Guichard [2006] y la edición moderna en Homero [2015]. Sobre lo de concluir una época histórica «con el asedio de un castillo», véase S. Zweig, «La conquista de Bizancio», en *Momentos estelares de la humanidad,* B. Vias Mahou (tr.), Acantilado, Barcelona, 2003, pp. 37-66.

el libro y que el impresor dejó escapar la ocasión —era su primer libro— de venderse bien. Pero el silencio duró poco. En la primera edición del *Speculum* de Sánchez de Arévalo (1468) se dice en el colofón que «esta obra la editó Rodrigo, hombre de excelso ingenio, en latín correctísimo», antes de aclarar que el autor es obispo, hombre importante en la curia romana y luce allí con luz propia.[88] Lo que contaba era, pues, que el libro estuviera escrito en buen latín y que el autor tuviese una posición pública relevante. Para los impresores, era crucial aclarar que el escritor conocía perfectamente el latín humanista a pesar de ser un bárbaro castellano, y que por esta razón podía ser aceptado por la elite romana a la que iba dirigido el libro en una época en la que el latín humanístico era marca de prestigio. Sin embargo, estos valores le importaron poco o nada al impresor de Augsburgo que preparó la segunda edición del *Speculum* en 1471. No es que Gunther Zainer, el bárbaro de Baviera, no quisiera llegar a la clientela, sino que sabía que a la suya le preocupaban cosas diferentes, por lo que era aconsejable darle a esta lo que le preocupaba. En un tiempo de analfabetismo galopante,[89] los clientes del impresor de Roma y los de Zainer pertenecían a la misma clase social, pero no quiere decir que se fijaran en los mismos detalles, por eso los editores no les vendieron el mismo producto, aunque lo fuera. En Augsburgo, el libro de Sánchez de Arévalo debía comprarse más por el contenido que por la gramática, porque enseñaba el recto vivir y las

88 Rodrigo Sánchez de Arévalo o Rodericus Zamorensis, *Speculum vitæ humanæ (Espejo de la vida humana),* Conradus Sweynheym y Arnoldus Pannartz, Roma, 1468. En el colofón se lee: «*Edidit hoc lingue clarissima norma latine | Excelsi ingenii uir rodoricus opus*».

89 Para los índices de lectura en la España del Siglo de Oro, véase Viñao [1999].

buenas costumbres *(recta norma)* a los lectores y llevaba las almas a la salvación. Así, el papa, los cardenales, los obispos, clérigos y demás ministros de la Iglesia debían aprender de aquellos de entre sus colegas que eran espejo para la vida humana y, aprendido de ellos, servir a su vez de ejemplo para la salvación espiritual de sí mismos y de sus parroquias. Como reclamo, la salvación del alma parece más contundente que la corrección gramatical, lo que pasa es que tanto la una como la otra son opinables.[90] Fuese como fuese, el caso es que el libro funcionó gracias a los reclamos diferentes y se editó decenas de veces. Si el autor fuera como los de hoy podría decir «su obra ha sido traducida a los principales idiomas» además de poner en la faja «vigésimo segunda edición», pues se publicó todas esas veces (y más) entre 1468 y 1490.[91]

He dedicado páginas en otros sitios a intentar estudiar si, por culpa de la necesidad de dar gato por liebre para vaciar los almacenes, «la publicidad que se utilizaba en algunas imprentas antiguas era engañosa» o si buscaba ser original con motivo, como si supiera que los eslóganes no deben ser intercambiables. Haré ahora un resumen para ver si le permite al lector

90 La edición moderna del *Speculum* se ofrece con una sinopsis que demuestra que los libros hay que leerlos con pinzas, pues algunos clásicos enseñan que no se debe exagerar a la hora de hablar de las virtudes de los libros de autoayuda porque tal vez, «solo tal vez», no consiguen lo que prometen cuando ofrecen una «ligera brizna de esperanza que se le ofrece a quien, justamente porque es consciente y se hace cargo de esas miserias y desdichas, está en condiciones de encomendarse a la vida espiritual que tal vez, solo tal vez, las redima», en Rodrigo Sánchez de Arévalo, *Espejo de la vida humana,* J. M. Ruiz Vila (ed.), Guillermo Escolar editor, Madrid, 2013.

91 Según los promedios de tirada de la época, veintidós ediciones pueden suponer varios miles de ejemplares, una cifra alta para una Europa casi analfabeta. Más importante es saber cuánto suponía ser impreso en Lovaina, Roma, Augsburgo, París, Colonia, Münster, Savigliano, Basilea, Lyon, Toulouse, Besançon y Zaragoza.

llegar con base sólida a entender lo que se vende hoy según los prólogos, las solapas y las cuartas de cubierta que encubren novelas no siempre «piedras angulares de la literatura».[92]

No es de extrañar que la publicidad de la que echaron mano los primeros impresores no fuera uniforme. A un nuevo producto le suele corresponder un montón de nuevas virtudes capaces de dar rienda suelta a la imaginación y de convertir en virtud cualquier detalle. Un impresor alemán de Venecia llegó a declarar gloria divina lo que parecía una obviedad e invitaba a comprar el libro porque la letra impresa era más clara que la manuscrita. Lo dijo en cuatro versos latinos:

> Cuatrocientos volúmenes de Salustio
> tiene impresos Vindelino en Venecia.
> ¿Quién alabará los libros de a mano
> cuando más lucen los libros de a imprenta?[93]

Como se ha visto, los colofones antiguos se pueden leer hoy como primerizos «párrafos descriptivos» —o *blurbs*—,

92 Buscar en Internet la expresión «piedra angular» como lugar común literario es un entretenimiento estupendo. Sirve para meter en el mismo saco al *Mio Cid* y a Camilo José Cela, y cosas mucho peores. Véase: «Galicia reivindica a Camilo José Cela como "piedra angular de la literatura universal"» en un titular que recoge palabras del *conselleiro* de Cultura de 2016. Anoto escuetamente tres «novelas-piedras angulares» reimpresas en 2020 y que al lector costará fatiga y esfuerzo encontrar a pie de calle a finales de 2022: Lidia Zinóvieva-Annibal, *Treinta y tres monstruos ¡No!* [1907]; Joseph Heller, *Trampa 22* [1961]; Alejandro López Andrada, *La dehesa iluminada* [1990].

93 Citado en J. A. Dane, *The Myth of Print Culture* [2003:49]: *«Quadringenta dedit formata volumina Crispi | nunc, lector, venetis spirea Vindelinus. | Et calamo libros audes spectare notatos | aere magis quando littera ducta nitet»,* en C. Salustio, *De coniuratione Catilinae. De bello Jugurthino,* Vindelino de Espira, Venecia, 1470.

antecedentes de los que propuso Unwind en 1926 en el famoso *The Truth About Publishing.*[94] En aquellos colofones, era habitual encontrar alabanzas del libro, del autor, del arte de la imprenta, del arte de la filología e, incluso, de las malas artes que utiliza la competencia.[95] Para casi todos los editores del siglo XV, vender libros a gran escala era una novedad, es decir, se creó la «mercancía» (*commercial commodity* la llama Flood) antes de crear el mercado, proceso que hoy se repite con muchos otros productos revolucionarios: creemos la tableta, que luego crearemos la necesidad de consumir chocolate. De este modo, cuando antaño se trató de vender libros voluminosos, el impresor se dio cuenta de que tenía en las manos, y en muchos casos, mercancía no deseada (*unwanted merchandise,* Flood de nuevo).[96] Al igual que los mercaderes de hoy, cuando los almacenes estuvieron llenos de «mercancía» o de «producto» inmóvil, los de entonces a) pidieron socorro a los poderosos, b) se espabilaron y crearon una red de venta y una red de publicidad,[97] c) quebraron, d) dieron gato por liebre, e) escaparon por piernas. De la lectura de los colofones y de los prólogos de algunos libros antiguos se puede deducir que los puntos b) y d) van muchas veces de la mano y que lo de

94 La profesora M. Baró [2018:53-77] ha estudiado la influencia de la edición española del libro inglés de S. Unwind.

95 Cientos de ellos, más o menos salados, en G. Reichhart [1895].

96 L. Hellinga, *Impresores, editores...* [2006:47], no concuerda con la expresión de Flood y afirma que, de forma natural, fueron los compradores los que se acercaron a los libros y que estos «empezaron a formar parte de las pertenencias de gentes que, con anterioridad, nunca habían tenido un libro; ahora podían permitírselos y empezaron a usarlos».

97 Sobre la capacidad organizativa del protoimpresor Schoeffer, Véase L. Hellinga, *Impresores, editores...* [2006:137-173] como «Peter Schoeffer y su modelo organizativo: una indagación bibliográfica...».

«vender es mentir un poco» ya estaba inventado en 1470. Lo de e) sigue vigente.

La imprenta no inventó la figura del prologuista, pero la llevó a un grado de sofisticación tal que —llegados a un punto— no se podía concebir la aparición de un libro sin que llevara una nota del editor, o de un escritor superventas, explicando el cómo, el quién, el porqué e incluso el cuánto. Los prólogos y las notas de los editores eran el momento en el que se reunían los intereses del autor y del empresario, intereses que se concentran en la figura del lector. Los prólogos, los colofones, prefaciones o cartas al lector servían para muchas cosas, pero fueron utilizados magistralmente por muchos talleres para justificar novedades —o reimpresiones camufladas de novedad—, glorificar la aparición de autores peregrinos, explicar intenciones innovadoras, demostrar la voluntad de cumplir con el servicio público de difusión de la cultura y para conseguir que, en última instancia, el lector tuviera necesidad de convertirse en comprador de un texto presentado nuevo, limpio y deseable, aunque estuviera sucio y fuera indeseable. Para todo ello era necesario hacer creer al lector un montón de cosas: que tenía entre las manos el resultado de un proceso de elaboración y corrección sin igual, que tenía un libro nunca antes visto.

El primer impresor de uno de los libros más complicados y complejos de la historia de la literatura y de la filosofía, *De rerum natura,* afirmó en el colofón que se había enfrentado con un texto muy difícil, pero que trabajó como un jabato para que el lector tuviera acceso a algo inmejorable. Argumentó que al tener solo un manuscrito sobre el que trabajar y, por ello, no poder corregirlo gracias al cotejo de otras fuentes, lo que el lector tenía en las manos era lo mejor que se podía conseguir; falso. Por mucho que la historia de la imprenta presente este colofón como modelo, no deja de ser testimonio de una excusa más: hacia 1473, fecha de la primera edición, corrían por Italia un buen montón de manuscritos con el texto de Lucrecio, unos cincuenta, por lo que la excusa es de cocodrilo, o esópica.[98] He aquí una versión de un texto que quizá le recuerde al lector formas más modernas de vanagloria:

> Como solo me había llegado a las manos un original dudé si imprimirlo, pues era muy difícil, con un solo testimonio, corregir los pasajes que habían sufrido la negligencia del copista. A pesar de mis pesquisas yo no sabía dónde podía hacerme con un segundo original. Animado por esta dificultad quise, aunque contaba con una sola versión del texto, dar a conocer a los más este libro rarísimo. Con ello, le será más fácil al estudioso, sea con la ayuda de otro testimonio que pueda encontrar, sea gracias a su diligencia, corregir los pocos lugares errados, cosa que no podría hacer si no tuviera el volumen íntegro.[99]

Los estudiosos no se ponen de acuerdo sobre el valor textual de la edición de 1473. Para Butterfield, «no fue sino la apresurada

98 Se conocen cincuenta y dos manuscritos de Lucrecio copiados en Italia entre *circa* 1440 y 1480 y Palmer [2014:36-42] ha concluido que un alto porcentaje de ellos ofrecen interesantes variantes de carácter textual, por lo que no era complicado hacerse con más de un manuscrito para fabricar un impreso corregido de verdad.

99 El texto en latín en Lucrecio [2016:44-45]: «*Lucrecii unicum meas in manus cum pervenisset exemplar, de eo imprimendo hesitavi, quod erat difficile unico de exemplo quae librarii essent praeterita negligentia illa corrigere; verum ubi alterum perquisitum exemplar adinvenire non potui, hac ipsa motus difficultate unico etiam de exemplari volui librum quam maxime rarum communem multis facere studiosis: siquidem facilius erit pauca loca vel alicunde altero exemplari extricato vel suo studio castigare et diligentia, quam integro carere volumine*».

impresión de un manuscrito muy corrompido por la transmisión manuscrita y por erróneas conjeturas renacentistas»; dicho de otro modo: yo lo imprimo, digo que es bueno y ya veremos en qué acaba todo.

«Novedad» era la otra palabra clave a la hora de atraer al cliente. Cuando los colofones se quedaron cortos para presumir de corrección textual, la novedad pasó a venderse en los prólogos, y cuando los libros empezaron a tener portadas explicativas, la expresión «por primera vez dado a la luz» se hizo frecuentísima; sucede que no siempre era verdad o, si era verdad, no era verdad de la buena.

Evidentemente, nadie imprimía un libro para poner en la cubierta «no compre este libro porque es una porquería, un refrito pirateado y el autor no sabe ni hacer la "o" con un canuto». Sucede, sin embargo, que sucedía. Tres ejemplos más antes de pasar a la edad moderna.

Un prologuista de postín hacia 1470 fue Giovanni Andrea de' Bussi, cuya fama llegó a 1895, cuando lo definieron «excelente entre los literatos de su tiempo, digno de gloria imborrable, ardiente de amor por el nuevo arte tipográfico practicado en el novísimo taller de Sweynheim y Pannartz en Roma» [Reichhart 1895:4]. En los libros que firmó se hacía hincapié en los modernos métodos filológicos que utilizaba Bussi para preparar textos que no tuvieran tacha, en el magisterio de los impresores y en la voluntad de estar a la altura de las musas que inspiraban a todos ellos. Se sabe que Bussi trabajaba duro y con buena voluntad, pero no era suficiente para dejar los libros pulidos, bien porque los métodos editoriales no eran tan buenos ni tan modernos, bien porque los impresores le exigían que preparara un texto en apenas dos semanas, aunque quedara imperfecto. Grafton ha demostrado que Bussi y otros muchos de los intelectuales al servicio de editores, por muy *energetically* que trabajaran, se veían obligados a dejar problemas sin resolver, textos fragmentados y fuentes sin consultar: decían que trabajaban con métodos nuevos, pero eran casi peor que los viejos, pues las prisas, las mentiras y los tópicos envejecen hasta a los más pacientes y encasillan a los más modernos.[100]

Cuando la novedad textual y la nitidez de la imprenta dejaron de ser novedades, los editores e impresores utilizaron el reclamo del esfuerzo: el comprador debía agradecer el sudor que conllevaba escribir, imprimir y editar libros. Este argumento de venta estaba relacionado con el anterior, porque hacer las cosas bien siempre ha costado lo suyo. El sudor aparece como reclamo en los colofones de tres libros impresos en 1470, 1480 y 1490, pero el que mejor sudaba y mejor vendía el sudor era Erasmo; es decir, el esfuerzo por preparar textos mejores que la competencia era un reclamo triunfante hacia 1530. El humanista holandés, gracias a la publicidad engañosa, se dejó en evidencia y comprometió a su editor en más de una ocasión. En una de ellas, afirmó que dejar el libro mejor que la competencia le había costado «toneles de sudor». Se trataba de vender las obras de san Ambrosio. Para ello, la portada anunciaba que el cliente iba a comprar unas «obras completas corregidas y enmendadas gracias a la colación que de varios testimonios habían hecho hombres eruditos, además de presentar los pasajes griegos que faltaban, o que estaban corrompidísimos, felizmente restituidos».[101] Esto es, el lector debía optar por la edición

100 A. Grafton, *Bring out your Dead…* [2001:147-151], y también Kenney y Davies. Más recientemente sobre la perseverancia en el error, véase M. Campanelli, *In errorum fovea languentes* [2017].

101 He aquí el título del libro. *Ambrosius Mediolanensis, Omnia opera, per eruditos viros, ex accurata diversorum codicum collatione emendata, Graecis quae vel*

de Erasmo porque era mejor que las otras, que no estaban corregidas. Este tipo de publicidad es loable si fuera cierta, pero sucede que Erasmo, cuando le criticaron la edición, dijo que él no era el culpable, que él puso el nombre y firmó, pero que la corrección la llevó a cabo otro, también sabio, pero algo perezoso. No hizo falta esperar mucho para descubrir la mentira. Erasmo era uno que decía en público una cosa y en privado, si le convenía, lo contrario. Así, vendió el san Ambrosio como obra que había costado litros de sudor *(quantum autem sudoris exhaustum sit in hoc restituendo…),* pero en una carta a un particular y no publicada en vida, el gran vendedor que fue Erasmo reconoció que aquellos litros de sudor no eran suyos, sino de Sigismundus Gelenius, hombre admirable y capaz de desmontar por sí solo todas las teorías que hacen del corrector de imprenta o del lector editorial un hombre sórdido, vago, borrachín, mediocre y lleno de mala baba. Erasmo reconoció en 1528 que en un libro que se vendió como las rosquillas gracias a su nombre «no asumí la corrección del Ambrosio ni lo releí todo, pues en parte lo comisioné al corrector Sigismundus, hombre docto y con criterio, pero pigro. Si un autor necesitaba un corrector era este, pero será en otra ocasión».[102] La excusa la tuvo que poner cuando uno de sus mecenas le pidió explicaciones.

aberant, vel erant corruptissima plerisque in locis feliciter restitutis, in quatuor ordines digesta, quorum primus habet mores, secundus pugnas adversus haereticos, tertius orationes, epistolas, & conciones ad populum, quartus explanationes voluminum veteris & Novi Testamenti…, Johann Froben, Basilea, 1527.

102 Lo dijo en una carta a J. Laski júnior del 27 de agosto de 1528. P. S. Allen, VII [2033:53-58]: «*Ambrosium non susceperam emendandum, nec perlegi totum, sed partem commisi Sigismundo castigatori, viro docto bonique iudicii sed pigro. Nemo magis egebat emendatore; sed hoc absoluetur alias*».

§ XI.3. Mercancía

Se habrá reparado en que en esta cuarta parte del volumen no se ha hablado aún de libros de entretenimiento, sino de clásicos, de libros de doctrina y de ensayo, libros de la clase de la que hoy se venden apenas unos pocos cientos de ejemplares, salvo excepciones. ¿Cómo describían los editores los libros de bolsillo, los de fácil divulgación y los de lectura más fácil que Plinio, Torquemada o san Basilio? Si de entretenimiento se trata, la tradición cultural española ha aportado al mundo, con voz propia, la literatura caballeresca y la picaresca. Si la publicidad se iba por las ramas con los libros serios, con la llegada a la imprenta de las primeras «ficciones», la imaginación se fue por las nubes. Nada debe extrañarnos que libros llenos de lugares comunes y de blandeces se nos vendan hoy como el «texto que nos dará fuerzas para superar las adversidades» si el prologuista del *Tirant lo Blanc* ya podía ponerse de lado ante la realidad (no completamente de espaldas) e inventarse que el exotismo es un valor añadido y los autores interpuestos son una garantía o una fuente de maravillas. En el prólogo que firmó Joanot Martorell se decía que las historias de Tirante se escribieron en inglés y que estaba dispuesto a traducirlas al portugués por mandado y ruego de Fernando de Portugal, lo que es una patraña excelente.[103] ¿Hemos de exigirle al prologuista o al vendedor que diga la verdad cuando se trata de crear interés fabuloso por un libro que tiene por objeto maravillar y fabular? Entramos de lleno en la época en la que los libros

103 Véase J. Martorell, *Tirant lo Blanc*, J. Pujol (ed.), Barcino, Barcelona, 2021. La expresión aparece en la dedicatoria ¿firmada por Martorell en 1460? La primera edición la publicaron Nicolaus Spindeler y Johannes Rix en Valencia en noviembre de 1490.

pueden ser calificados de «mercancía de honor», «mercancía de utilidad» e incluso «mercancía de entretenimiento».[104] Esto es, estamos en la época en la que empieza la competencia feroz entre editores, por eso empieza a sorprender que, para distinguirse de los contrarios, un editor utilice expresiones semejantes a las de la competencia y se intercambien o copien los eslóganes.

Los libros de entretenimiento insistían en la evasión y en la maravilla. El *Tirant* describe las aventuras de un falso caballero bretón por esos mundos de Dios y nos lo presenta como el paladín de las acciones memorables y de las peripecias novelescas, uno capaz de arrebatarle al turco el reino de Grecia. De tal proeza, el editor alababa solo el valor y el comportamiento. El bueno de Tirante no fue un éxito editorial,[105] pero sí lo fue lo que representaba, el género literario del que fue el mejor exponente, uno que se vendió por toda Europa

104 Para las distintas opiniones sobre qué significaba hacer buenos libros y buena mercancía véase Quondam [1977]. Para recordar que «novela se identifica, pues, desde el principio con ocio, con vacaciones del cuerpo y de la imaginación, con diversión en el sentido de apartarnos de la vida real para sumergirnos en un mundo ficticio», véase un clásico hoy descatalogado [Bourneuf y Ouellet 1981].

105 Se conservan ediciones en catalán de 1490 y 1497, y una castellana de 1511. Hay más, pero hoy no es fácil encontrar ediciones del *Tirant* en las librerías españolas, a pesar de ser libro con padrinos excelentes. Piénsese cómo se vendería un ensayo moderno si en la faja se pusieran los tres nombres que se citan en M. de Riquer, *Tirant lo Blanch, novela de historia y de ficción,* Acantilado, Barcelona, 2013: «Que no haga falta reivindicar el *Tirant lo Blanch* como una de las grandes obras de la literatura universal es hoy debido, como afirma Martín de Riquer en el "propósito" a este volumen, a Miguel de Cervantes, Dámaso Alonso y Mario Vargas Llosa. El primero lo calificó de "el mejor libro del mundo"; el segundo de "novela moderna" o "la mejor novela que se escribió durante el siglo XV en Europa" y, además, "totalmente actual"; y Vargas Llosa afirmó por su parte que Martorell fue "el primero de aquella estirpe de suplantadores de Dios: Fielding, Balzac, Dickens, Flaubert, Tolstói, Joyce, Faulkner, que pretenden crear en sus novelas una realidad total"».

e influyó, este sí, en casi toda la literatura occidental. Cuando el triunfo de las novelas de caballerías era indiscutible y merecido, este sí, y había sobrepasado fronteras comerciales, un impresor insistió en que Amadís de Gaula no podía dejar de venderse porque a alguien le pareciera inmoral la ficción. Un editor parisino animaba en 1559 a vencer los escrúpulos morales a la hora de leer asuntos de ficción, porque en el fondo, si uno buscaba bien, no lo eran, no eran banal superficialidad. Vencer los prejuicios literarios era un aliciente para comprar en París un resumen de las batallas y parlamentos de Amadís. Hasta aquí, todo loable. No obstante, si se lee sin prejuicios, la osadía del editor sobrepasó los límites de la decencia y ofreció un refrito de arengas, dichos, carteles de desafío y batallas caballerescas sacadas y pirateadas de la traducción francesa del *Amadís,* pero combinado todo ello de manera que pareciera una apología de la guerra de religión en Francia. Esto es, invitaba a los guerreros a seguir un código de honor sesgado, sacado del código de caballería que Amadís hizo famoso, pero disfrazado de incitación a la guerra más que a seguir los modales caballerescos y corteses.[106] Los motivos que argumentó el recopilador del *Thrésor des douze libres d'Amadis de Gaule* eran los de siempre: por mucho que los modernos escritores no encuentren bondad más que en lo que producen ellos y tachen de fabulosas y de lascivas las aventuras de Amadís según las prohíben las santas escrituras, los libros de Amadís son una defensa del amor y del casto matrimonio. Además, esto no es nada comparado con el beneficio que se obtiene cuando Amadís habla de la guerra, pues la antología que hizo el avispado recopilador «demuestra

106 Un intento de defender que el *Thrésor* quería ser un manual de comportamiento cortesano en E. W. Place [1954].

que es razonable que los reyes y los grandes señores cojan las armas para defender a sus súbditos [*subiectz*] o, cuando las guerras cesan en sus territorios, corran a mano armada contra paganos, turcos, sarracenos e infieles». El libro que enseñaba a arengar a los paladines de Francia se reimprimió catorce veces entre 1559 y 1574. En la edición, posiblemente pirata, de 1573, el impresor Olivier de Harsy mantenía la vigencia del prólogo de 1559 y afirmaba que del saber arengar a las tropas se consigue «dar gloria y lustre a nuestra muy santa y cristiana religión y obtener otros muchos frutos».[107] Las llamadas guerras de religión en Francia fueron continuas entre 1562 y 1598. Así, de las aventuras de Tirante que arrebataba Grecia a los turcos, se pasó al interés general guerrero como argumento de venta. Volvamos atrás con otro tipo de lectura de entretenimiento, la poesía.

Una gran recopilación impresa de la poesía española fue el *Cancionero general* de 1511.[108] El libro no era un *tascabile,* era un volumen de cientos de páginas en folio, a dos y tres columnas impresas en apretada letra gótica; formalmente, un tocho. Sin embargo, la fórmula de los cancioneros (también los hubo manuscritos) se demostró una forma triunfante de hacer antologías poéticas. El recopilador, Hernando del Castillo, se la ofrecía al lector porque creía haber recogido cosas de precio

107 De *«Glorifier et illustrer notre religión tres saincte & chrestienne»* se sacaban *«maintes autres fruicts»,* en el aviso al lector, p. 4, del *Discours des XIII livres d'Amadis de Gaule,* Olivier de Harsy, París, 1573. El cambio de título, el añadido del decimotercer libro, de una arenga final al emperador de Roma para que haga liga contra el infiel y de unos *Statuts de l'ordre des chevaliers errans* en la p. 518 no consiguen esconder que el libro no lleva el privilegio real que ostentaban las ediciones anteriores.

108 La primera edición del *Cancionero general* la publicó Cristóbal Cofman en Valencia en 1511. Hay edición moderna por J. González Cuenca en Castalia, Valencia, 2004.

> si no muy excelente, a lo menos no malo, y como la cosa propia y esencial de lo bueno es ser comunicado, no comunicar es una clase de avaricia y de injuria a los autores de obras buenas que desean con ellas perpetuar sus nombres y que sean vistas.

Puestos en limpio y ordenados los textos, los imprimió «para común utilidad o pasatiempo» y, tras dedicar la obra al poderoso de turno, pedía perdón por si el plato no estaba bien cocinado, pues fabricarlo fue complicado. Y añadió: «Si alguna culpa en esto se me atribuyere, absuélvame la buena intención, que no fue más que la de aprovechar y complacer a muchos y servir a todos». El trabajo de Del Castillo sirvió de modelo durante más de siglo y medio, por lo que se puede decir que, en este caso, el preparador de la edición pertenecía a la clase de personas que «cuanto más pueden presumir, menos lo hacen». Del Castillo no ofreció su libro como algo nuevo o revolucionario, sino que basó su criterio en lo tradicional, más en recopilar lo disperso que en procurar lo nuevo. Sin embargo, no quiere decir que lo nuevo, en poesía, no vendiera. La corriente culta de la poesía iba paralela a la tradicional e hizo su gran aparición impresa en 1543, cuando el *Cancionero* llevaba ya más de media docena de ediciones y había enseñado el camino a continuadores y ahijados.

Si hubo un libro nuevo en la poesía española del siglo XVI, este fue el compuesto con las obras de Garcilaso de la Vega y de Juan Boscán. Se conocen más de veinte ediciones entre 1543 y 1597, más aquellas en las que Garcilaso (mejor poeta) apareció «divorciado» de Boscán.[109] Lo que ahora interesa es

109 La primera edición la publicó Carlos Amorós en Barcelona en 1543, bajo la atenta mirada de Boscán (una parte) y de la viuda de este, Ana Girón de Rebolledo (la otra). De Boscán hay edición moderna como *Obras,* C. Clavería (ed.), Cátedra, Madrid, 1999, la cita de más adelante aparece en la *Carta a la*

saber dónde pusieron el acento los editores de tales obras a la hora de darlas a conocer; en una palabra: en algo tan bíblico como hacer el bien. Tanto en la advertencia a los lectores de 1543 como en el privilegio que concedió el rey, se hizo hincapié en que de la publicación de estos poemas se sigue un «gran bien» porque esta poesía nueva «es cosa útil y provechosa». Así vendían la viuda y el editor de Boscán al poeta, pero este prefirió darse importancia con un valor viejo, y se presentó a sí mismo ante la mecenas con una expresión afortunadísima y que pone en guardia, pues hacer las cosas con sustancia, gravedad y artificio da alas a los que critican lo nuevo y prefieren lo superficial. Como la cosa de Boscán «era nueva en nuestra España y los nombres también nuevos [...] en tanta novedad era imposible no temer con causa, y aun sin ella». Así, más que venderse, al poeta le apetecía justificarse y poner en su justo punto lo que hacía, que era (ni más ni menos) lo que hacían los otros, pero con diferentes «consonantes». Nada, pues, de cambiar el rumbo de las estrellas, estremecer las almas sensibles y las intelectivas, nada de transportar al lector y a la lectora a un estado sensorial inalcanzable por otros medios o que por seguir «una estructura teatral, la obra exhiba una clara hibridez de géneros con los que lograr el acercamiento hondo de la voz, el dinamismo de los cuerpos y la musicalidad de la palabra».[110] Se trataba, sencillamente, de poesía, sin olvidar que el poeta no «inventaba ni hacía cosa que hubiese de quedar en el mundo, sino que entró en ello descuidadamente como en cosa que iba

duquesa de Soma. Para Garcilaso, mejor es consultar la edición de B. Morros, Crítica, Barcelona, 1995, *«a consummate example of textual criticism»,* según algunos.

110 Así se anuncia en un conocido repertorio bibliográfico el IV Premio Espasa de Poesía, es decir, A. Monzón, *La civilización no era esto,* Espasa, Madrid, 2021.

tan poco en hacerla que no había para qué dejarla de hacer habiéndola gana». Boscán escribía por orden de la apetencia, publicaba para dejar perpetua memoria de su amigo Garcilaso y, aunque pueda parecer *captatio benevolentiæ,* es posible que no tuviera intención de vender miles de ejemplares ni de esculpir una piedra angular de la poesía.[111] Boscán escribía porque hacerlo costaba tan poco y le salía tan de natural que era un despilfarro no hacerlo; no dijo que escribiera para «derribar el muro de la realidad y traer a este lado de la vida la verdadera presencia del espíritu superior que es el rapto poético»; si lo pensó, no lo dijo a los cuatro vientos. Es curioso comparar la facilidad con la que Boscán escribió poesía no mala y los litros de sudor que, según los editores, les ha costado siempre hacer su trabajo. Es posible que el impresor de Boscán, Carles Amorós (un hombre de armas tomar), estuviera convencido de que con esta edición de 1543 no iba a sentar la bases de una «nueva voz que dará el tono exacto a lo más excelso de la lírica y será base en la que se asentará el quehacer poético de la posteridad»; le bastaba con vender la edición oficial, preparar un par de ellas piratas y embolsarse los cuartos de dinero negro sin pagar a quien correspondía. Cualquiera tiempo pasado fue igual.

Lo de publicar ficción antes de que se impusiera la ficción en el mundo era una cosa de la que era mejor avergonzarse, o al menos aparentar vergüenza. Los primeros que se avergonzaban eran los poetas. Lo hacían, quizá, con la boca pequeña, pero lo hacían incluso los que merecieron el sobrenombre de «divinos» a pesar de que los mejores ingenios de

111 No se puede esconder que Boscán buscaba los dineros como todo hijo de vecino. Véase cómo negoció los derechos de autor y los vigiló la viuda en C. Clavería, *¿Cuánto cuesta leer?...* [2019].

la época dijeran que la cosa era merecedora de general comunicación porque el poeta en cuestión escribía con «buen lenguaje y verso justo [y tenía] buen ingenio y gentil espíritu».[112] La modestia hacía que pocos poetas osaran presentar a las gentes un contemporáneo como si este fuera la solución a todos los problemas, el no va más, «el autor de referencia de la poesía de nuestro tiempo». De hecho, es muy posible que Fernando de Herrera se quejara amargamente si un colega se atrevía a definir su «obra poética genuina y rigurosa [como una de] las aportaciones más brillantes a la poesía española del último tercio del siglo XVI».

Los autores se presentaban con el aire de pedir perdón, algunos editores pedían excusas por atreverse a sacar a las personas importantes de sus altas ocupaciones si les ofrecían lecturas de entretenimiento. La excusa se justificaba en 1570 con parecidos argumentos a los utilizados en 1470: si la obra era novedad y tenía voluntad de hacer buen servicio al lector con textos bien cuidados, bueno era que se diera a conocer y sirviera para solaz en tiempos revueltos. De esto se ocupaban entonces, mayormente, los editores, pues hemos visto más atrás que a muchos poetas les importaba una higa imprimir sus libros.

Ahora sabemos que con Herrera «la lírica del siglo XVI llega a una de sus cumbres». Como es imposible subir más arriba de las cumbres y no suele ser agradable vivir en ellas

112 Son palabras que se leen en la Aprobación que Alonso de Ercilla, autor del «mejor y más famoso» de los poemas épicos castellanos, libro con más de cien reimpresiones, dio a *Algunas obras* de Fernando de Herrera, Andrea Pescinoni, Sevilla, 1582, folio ¶2v. El volumen contiene noventa y un poemas de los más de quinientos hoy atribuidos a Herrera, lo que dice mucho de sus ganas de ir a la imprenta. Hay edición moderna con el título *Poesía castellana original completa,* C. Cuevas (ed.), Cátedra, Madrid, 2006.

por cosas del frío, es el momento de bajar hasta los primeros pasos de la prosa.

§ XI.4. «Será de gusto y entretenimiento al pueblo»

Separar las alabanzas que se hacían a la poesía de las que necesitaba la prosa tiene sentido ahora porque la primera era un rapto divino y la otra, algo para avergonzarse, cosa de gente «de baja y servil condición». Shelley defendía la poesía porque, según él, solo los poetas «dan origen a un mundo de oro», mientras que la naturaleza y los que cuentan sus cosas, los prosistas, viven en un mundo de bronce.[113] Así, los catedráticos de Alcalá saludaban la primera edición de las obras de Horacio en castellano (1599) como «útiles y provechosas, no solo a los que profesan letras humanas, sino a los de mayores estudios, por la mucha erudición y doctrina que contienen» y porque tal libro «será muy útil y provechoso para toda España y cualesquier personas de erudición».[114] Por el contrario, cuando la cosa iba de prosa, la erudición y el provecho quedaban aparcados y se premiaba otra cosa. Véase por qué fue aprobado el *Quijote* en julio de 1604 según el aprobador y escritor Antonio de Herrera: «Porque será de gusto y entretenimiento al pueblo, a lo cual, en regla de buen gobierno, se debe de tener atención,

113 «Solo el poeta, desdeñoso de las ataduras de una sujeción tal, elevado con el vigor de su propia invención, hace surgir realmente otra naturaleza, al hacer las cosas o mejores que como las presenta la naturaleza o mejores por completo. [...] Su mundo [el de la naturaleza] es de bronce, solo los poetas dan origen a un mundo de oro», Ph. Sidney, *Defensa de la poesía,* Cátedra, Madrid, 2003, p. 121.

114 Q. Horacio, *Sus obras con la declaración magistral en lengua castellana por el doctor Villén de Biedma,* impresas a costa de Juan Díez por Sebastián de Mena, Granada, 1599, folio ¶2r.

aliende de que no hallo en él cosa contra policía y buenas costumbres».[115] De la mano de Cervantes entramos en el mundo de la diversión, y también en el de la exageración a la hora de ensalzar las virtudes de un libro. Lástima que Cervantes fuera un irónico capaz de tomarse a broma y que los seguidores del manco se lo tomen todo en serio. Cervantes fue capaz de poner al comienzo del *Quijote* sonetos laudatorios escritos por Amadís de Gaula, Belianís de Grecia, Urganda la desconocida, la señora Oriana y Orlando Furioso para dar realce a las andanzas de Alonso Quijano. Estos sonetos pueden tomarse como los antecedentes a lo que muchos miembros del jurado ponen hoy en las solapas de los libros que premian, con la diferencia de que Amadís y los demás no tienen contacto con la realidad, aunque sí con la literatura.

La ironía de Cervantes era una manera inteligente de luchar contra ciertos prejuicios literarios: leer poesía, fuera teatral o épica, era chachi y erudito; leer aventuras —y lo que hoy es ficción— era entretenimiento para gente que no alcanzaba el nivel medio de interés por las cosas importantes.[116] Hemos visto que una estudiosa y editora inglesa afirmaba que, durante siglos, estuvo mal visto leer novelas, y que la desaprobación la sufrían los lectores de todas las clases sociales y calidades [Willes 2008:136-167], pero que (como siempre) los hombres criticaban mayormente que las mujeres leyeran lo que ellos leían. No se olvide que estaba mal visto hasta escribir novelas, y más aún firmarlas; en el caso de que

115 M. de Cervantes, *Don Quijote de la Mancha,* Francisco Rico (ed.), Alfaguara, Madrid, 2015, p. 5.

116 Un ejemplo de cómo estaba compuesta la sección literaria de las bibliotecas del Siglo de Oro en P. M. Cátedra y A. Rojo, *Bibliotecas y lecturas de mujeres*… [2004].

fueran obra de mujeres, inadmisible para los hombres.[117] Recuérdese la citadísima expresión:

> Si la lectura de libros de deshonestos amores y cosas vanas es reprehensible en los sacerdotes que han de vacar al oficio divino y en los legos que podrían leer libros provechosos y de gran doctrina, ¿qué diremos de las doncellas que los leen y de los padres que permiten que aprendan ellas y sus hijos en tales libros las primeras letras?[118]

La promesa de alcanzar la erudición, la novedad, el trabajo de corrección y el valor clásico del autor dejaron de ser los únicos alicientes para vender un libro a principios del siglo XVII. Incluso el Estado, que en los privilegios había hecho hincapié en que los libros que protegía eran de utilidad pública por su

117 Hasta 1840 no apareció en *Orgullo y prejuicio* el nombre Jane Austen, que durante años fue solo «*the author* [*sic*] *of Sense and Sensibility*». Unos pocos detalles más sobre el asunto en C. Clavería [2020:77-78].

118 Aparece en el libro del franciscano J. de la Cerda, *Libro intitulado, vida política de todos los estados de mujeres, en el qual se dan muy prouechosos y christianos documentos y auisos, para criarse y conseruarse deuidamente las mugeres en sus estados,* Juan Gracián, Madrid, 1599, hay edición moderna en Cerda [2010]. Y a la abyección del franciscano puede añadirse esta frase sacada del vuelto del folio 42: «En todas maneras debe huir la doncella y todo cristiano de leer autores lascivos y deshonestos, y aquellos mayormente que tratan de amores profanos, ora los tales amores sean por buen fin (como sería por contraer matrimonio) ora no lo sean. Porque así como la lectura de libros piadosos y devotos mortifica y refrena las costumbres del lector, así por el contrario los fabulosos argumentos e invenciones o historias profanas que tratan de amores le desasosiegan y engríen y encienden». Por abundar en el caso, es sabido que cuando en un juicio se discutía sobre la amoralidad de un libro, sea el *Tom Jones* de Fielding, *El amante de Lady Chatterley* o *Madame Bovary,* los historiadores del libro sacan a colación frases de los acusadores hombres en las que preguntan a los defensores hombres algo así como «¿dejaría usted que su esposa leyera el libro que aquí se procesa?».

contenido, amplió el rasero.[119] Antonio de Herrera dice que el «entretenimiento» —no solo la erudición— es «regla de buen gobierno», algo que la autoridad debe fomentar. Hubo otros privilegios anteriores en los que se combinaba saber, bien público y entretenimiento, pero verlo a propósito de Cervantes es hacer que entren por la puerta grande de la literatura. El entretenimiento ni se crea ni se disfruta por decreto, sino que era y es algo más íntimo que la novedad editorial o la corrección textual, por no hablar de lo contrario que es a vender humo a precio de leña. Así, en la lectura entró el valor de lo íntimo; dicho de otro modo, el criterio y las preferencias del lector. Al ampliarse la base de la sociedad lectora, se amplió la oferta. Hay estudiosos que opinan lo contrario, que fue la ampliación de la oferta de entretenimiento la que ayudó a disminuir los niveles de analfabetismo.[120] Es teoría demasiado complicada para hacerla depender solo del impacto de la literatura de evasión en la formación cultural de una sociedad que, entre 1600 y 1830, apenas vio cambios formales en los libros que contenían novelas: lo que le interesara destacar al editor se colocaba todavía en las hojas de preliminares, en sonetos intercalados, en apartes más o menos evidentes.[121] Las fotografías, las cubiertas a color, las hojas de publicidad al final, los catálogos (ampliamente) descriptivos y los avisos o

119 Sobre la importancia del privilegio para proteger los derechos de autores, editores y libreros en la época moderna, véase D. Diderot, *Carta sobre el comercio de libros* [2000].

120 Un clásico de la historia de la literatura española recordaba en 1973 que, según un censo de 1768, el setenta por ciento de la población de España «era incapaz de leer o de escribir», por lo que potenciales lectores o lectoras eran solo unos tres millones, en N. Glendinning [1981:41].

121 Una recomendable visión de conjunto en A. Castillo Gómez, *Leer y oír leer…* [2016], con un capítulo sobre la democratización del «Leer en la calle. Coplas, avisos y panfletos».

no se inventaron hasta que se industrializó la imprenta, o se presentaban exentos.[122]

Sí se había inventado el frontispicio con ilustraciones, que los había desde los primeros años de la imprenta y que crecieron en sofisticación hasta llegar a decir más de lo que debían decir. Una de las primeras imágenes de don Quijote aparece en la portada de la edición inglesa de 1619:[123] aquí, Rocinante parece un brioso alazán y Alonso Quijano luce pelambrera y barba de diseño *hipster;* Sancho cabalga un asno lozano y ensillado, lleva una espada que parece la del Cid, una espuerta llena y viste como un cortesano milanés, lo que tiene más delito aún que calificar una novela de 2020 como «liviana y profunda, vitalista y compungida», todo en uno.

Recuerda Chartier que «el oficio y la religión» hacían que los estantes guardaran libros, sobre todo, o prácticos o litúrgicos.[124] La afición por la lectura en sociedad (urbana o rural) y la edición a mansalva de la ficción (caballeresca o picaresca o pastoril) ampliaron los horizontes de lectores y lectoras.[125]

122 Un panorama clásico de la ilustración como componente del libro en H. Escolar, *Historia ilustrada del libro…* [1996].

123 Se trata de la segunda edición de la primera parte, *The history of Don Quichote, the first parte* [*sic*], Th. Shelton (tr.), Blounte [Londres, 1619].

124 El impulso de las ciencias ayudó a cambiar también los hábitos de lectura, pero no es del caso detenerse aquí. Para la convivencia de las dos culturas en la época del auge de la ficción antigua (y de las humanidades) véase A. Grafton, *Defenders of the text…* [1991]. Chartier [1993:97-126] repasa las estrategias editoriales en Francia hasta 1660 y estudia la primacía de lo religioso y las lecturas dependientes de ámbitos y ambientes: de lo señorial a lo rústico.

125 Cátedra & Rojo [159] han demostrado que en algunas bibliotecas los libros de caballerías podían suponer el ochenta por ciento de los títulos. Recuérdese que la ficción era una parte, no la mayor, de los libros considerados literarios, que tanto en España como en otros países formaban sección compuesta también de poesía (lírica, épica y dramática), gramática, historia, relaciones, etcétera.

Con todo, los cambios en la composición de las bibliotecas particulares demuestran que la ficción novelesca necesitó muchos años para desbancar por completo los estantes que defendían las demás clases de literatura, las vidas de santos, los sermonarios y los libros de rezos; sobre todo en España. Ni siquiera tras la popularidad de la literatura de evasión y el acceso a ella de *«the common reader»* y la llegada masiva de libros *«for working men and women»*,[126] si alguien se hubiera vanagloriado en 1749 de que leía muchas novelas, lo hubieran tenido por sandio o por persona ruda. Eso a pesar de que las novelas se vendían por decenas de miles en algunos países y gustaban y eran, en algunos casos, buenas de verdad.

Sabido hoy que la novela atravesó las limitaciones de clase y acabó por ser del gusto de trabajadores y de eruditos, será curioso saber cuáles fueron las razones por las que estos se dejaron divertir.[127] Una de ellas puede ser que, creado el género, hubo que darle pedigrí a la mercancía, dotarla de prestigio, hacer que este llegara a la opinión general y eliminara la vergüenza del consumo. De la que dicen que es la mejor continuación inglesa de la novela picaresca española, el *Tom Jones* de Fielding, se agotaron los dos mil ejemplares de la primera edición antes de que llegaran a la librería, todos habían sido reservados antes; en pocos meses de 1749 se vendieron diez mil ejemplares de una novela pensada originalmente en seis volúmenes. Las cifras del *Emilio* de Rousseau son envidiables incluso para los creadores de superventas actuales, más

126 Willes [2006:192-232].

127 Creo divertido recordar la primera acepción de «divertir» en el diccionario llamado «de autoridades» [1732]: «Apartar, distraer la atención de alguna persona para que no discurra o piense en aquellas cosas a que la tenía aplicada, o para que no prosiga la obra que traía entre manos». De ahí que las personas serias no aceptaran que les distrajeran la atención.

aún para los firmadores de superventas de portada. ¿Cómo se consigue, pues, dar categoría social y literaria a la «honesta recreación»?

Como el prestigio social de la novela no era una cosa que se fuera a conseguir de un día para otro, si se quería llamar la atención de manera más poderosa que con la excusa de la moralidad y del entretenimiento (este clasificaba al lector en la *working class*), algunos editores echaron mano de la provocación y del escándalo. Era entonces mejor pasar por intelectual amante de lo prohibido que por lector o lectora de historietas banales. *Tom Jones* fue un escándalo, un libro provocador obra de un libertino, y ese fue el principal reclamo de la novela.

La presentación de la tenida como «la mejor novela española del siglo XVIII» —un superventas creador de una ficción nueva y moderna— es un ejemplo casi insuperable de lo que después podríamos haber visto en las cuartas de cubierta, en los dosieres de prensa y en la invitación a la lectura si la gazmoñería no nos hubiera invadido: hay allí maldad pura, provocación inteligentísima; solo el diablo es más sibilino. Con todo, para leerlo hoy se necesita una paciencia de proporciones ciclópeas.

El prólogo del *Eusebio* de Pedro Montengón es muy conocido, pero si existe el humor inteligente, aquel es demostración de provocación inteligente. Véase: el hombre católico no es el único sobre la tierra y ha de entender que puede haber otros que, sin serlo, basen sus acciones en las viejas costumbres y en obras morales; por esta razón, los que desde su altanera filosofía se dignen acercarse a esta obra es posible que la rechacen cuando encuentren un estilo de vida y unas creencias ajenas pero igual de válidas y, como paradoja intrigante, «tras haberle arrojado de sus manos» debe el otro lector dejar «que estos tales vean la virtud moral desnuda y sin los adornos de la cristiana, para que reconociéndola después ataviada con ellos, puedan tributarle mejor sus sinceras adoraciones». El libro era tan intrigante que llamó la atención de la Inquisición, que fue inmisericorde, lo que hizo que fuera prohibido, buscado y leído por los curiosos. La primera parte se publicó en 1796,[128] y en 1855 se leía aún con entusiasmo. Como provocación a la curiosidad, el prólogo es tan potente como exculpatorio era el colofón de 1473 en la edición de Lucrecio que he citado más atrás, y mucho mejor que «una prosa fresca y perfumada de lirismo sobrecogedor, que llevará al lector hasta un mundo al que no le será fácil abandonar», como se lee en la solapa de un libro puesto en la mesa de novedades de la biblioteca del pueblo de la España que no cuenta. En definitiva, el prólogo del libro de Montengón dice que es mejor que no se lea el libro porque solo determinados espíritus lo comprenderán; es más, alguien se podrá sentir ofendido si lo hace, pues no todos los lectores son iguales ni tienen las amplias miras que requiere admirar vidas y conceptos vitales diferentes a los propios.

El *Eusebio* es demostración de que no es necesario que digan de ti que eres el mejor de la clase ni que el editor te eche flores de olor perecedero. Lo demuestra una frase de Ferreras en la que el profesor esconde toda una teoría llamada a anular las vanaglorias de las portadas excesivas y a afirmar que, para un género literario, hay autores como Montengón que, «a pesar de escribir muchísimo peor que otros», son más importantes que estos a la hora de entrar en la «historia de una

128 P. Montengón, *Eusebio. Parte primera* [*-cuarta*], *sacada de las memorias que dexó el mismo,* Antonio de Sancha, Madrid, 1786. Hay edición moderna como *Eusebio,* F. García Lara (ed.), Cátedra, Madrid, 1998.

estructura artística, como la novela».[129] Esto es, las piedras angulares hay que tallarlas con la vista puesta en una estructura artística, en un género literario, no en un género comercial que a veces dura apenas lo que dura un libro en la mesa de novedades. Estirar ese tiempo con palabras huecas, esdrújulos y superlativos es un delito de lesa literatura. Antes de entrar en nuestros días, cuatro ejemplos más, escuetamente.

En 1772 se publicó un libro satírico contra quienes todo lo presumían y nada sabían, contra los que sentencian con cuatro frases dichas al buen tuntún, contra los pontificadores sin sustancia; aquellos que necesitan estar siempre en boca de todos, aunque sea para ser escupidos; parecerá una distopía, pero el de 1772 parece un libro contra los pandemonios televisados. No es una novela, pero se vendió más que algunas. Los suscriptores agotaron la tirada antes de que saliera a la venta. La advertencia preliminar dice que «en todos los siglos y países del mundo han pretendido introducirse en la república literaria unos hombres ineptos que fundan su pretensión en cierto aparato artificioso de literatura». Estos sabios en apariencia «pueden alucinar» a quienes saben lo ridículo que es tratar todas las ciencias «con magisterio, satisfacción propia y deseo de ser tenido por sabio universal». Como provocación contra los eruditos a la violeta y los que pretenden dar lecciones de una facultad «cuando apenas han saludado sus principios», el papel irónico titulado *Los eruditos a la violeta* es una piedra angular del llamar la atención. Es una piedra miliar mucho más informadora que repetir —se trate de lo que se trate— que la prosa profunda y cautivadora

129 Afirmación tan rotunda y reveladora aparece en una publicación muy modesta y sirve para pensar que son los autores los que hacen buenos los libros y las editoriales, y no al revés. *Cfr.* Ferreras [1987:53].

de un autor está al alcance de todos. La advertencia va en el vuelto de la portada del libro de Cadalso y explica el título, que insulta a los necios tanto como aquella.[130]

En 1792 se publicó en Madrid otro libro que quería llamar la atención apoyado en la sátira, en el esoterismo que da sentirse capaz de saberse superior y entender lo que la clase lectora no entiende; otro libro que daba pedigrí a la prosa, si bien aparecía disfrazada. En el prólogo se avisa que quien desee ver representados en obra escrita caracteres sacados del natural podrá deleitarse (en primer lugar) con los «muchos escritores ignorantes que abastecen nuestra escena de comedias desatinadas, [con las] mujeres sabidillas y fastidiosas, [los] pedantes erizados, locuaces, presumidos de saberlo todo». Lo curioso es que esta crítica no se publicó en el prólogo de la edición madrileña de *La comedia nueva, o el café,* sino en una que imprimió Bodoni en Parma en 1796 y que dejaba por los suelos a todo «autor chavacano que se meta a escribir de lo que no entiende [pues] merece rechifla y desprecio». Para el prologuista, toda extravagancia es «indigno espectáculo de un pueblo culto».[131] Curioso modo el de atraer a los colegas a la lectura el soltarles antes unos cuantos bastonazos.

De estos tres ejemplos de provocación a los colegas y de exigencia de seriedad (contenidos en una novela, en un ensayo y en una obra teatral en prosa) paso a dos detalles brevísimos

130 *Los eruditos a la violeta o curso completo de todas las ciencias. Dividido en siete lecciones para los siete días de la semana. Compuesto por don Joseph Cadalso, quien lo publica en obsequio de los que pretenden saber mucho estudiando poco,* Antonio de Sancha, Madrid, 1772. A pesar de ser una impertinencia y de utilizarla como reclamo se reimprimió varias veces en 1781, 1782 y 1786. No es fácil encontrar una edición moderna en las librerías abiertas en 2025.

131 La primera edición de L. Fernández de Moratín de *La comedia nueva o el café* la publicó Benito Cano en Madrid en 1792. Hay edición moderna por J. Dowling y R. Andioc, Castalia, Valencia, 1993.

del siglo XIX. El primero es una opinión sobre un autor: el traductor al castellano del *Viaje sentimental* afirma que Sterne es «verdadero retrato de Cervantes en sus sales y gracias»;[132] el segundo detalle sirve para recordar que la primera edición de *La Regenta* no lleva prólogo, frases del editor, alabanzas de ningún tipo, solo una cubierta a la moda de 1881, con un fondo gótico y un galán pinturero que parece sacado de un romance del siglo XVI.[133] Es decir, empiezan a convivir en el mismo gremio la sobriedad y la exageración: José Janés empezó a publicar en España las novelas de P. G. Wodehouse hacia 1944 en una «nueva serie dedicada exclusivamente a tan celebrado autor, que será acaso el primer humorista del mundo en gozar de este privilegio»; leído deprisa quizá quiera significar que para Wodehouse es un privilegio que Janés le dedique una serie, *exaggeratio non petita...*

§ XI.5. Hoy y conclusión

Una llamada de atención sobre los efectos paralizantes de los tópicos podría ayudar a valorar de manera conveniente el ver escrita la expresión «piedra angular de la literatura» en la cuarta de cubierta de la novela de Hermenegildo Vives Ponce de León y, a la vez, en la de las *Geórgicas* de Virgilio. Un tópico, una frase en la cuarta de cubierta, no debería igualar a dos autores, al menos no siempre. Se corre el riesgo de que,

132 [L. Sterne], *Viaje sentimental de Sterne, a París, bajo el nombre de Yorick. Traducido libremente al castellano,* Boix, Madrid, 1843, p. 6. Hay edición moderna de Sterne en Penguin clásicos, Barcelona, 2017.

133 L. Alas, *La Regenta,* Cortezo, Barcelona, 1884. La imagen de la cubierta se encuentra fácilmente en la Wikipedia, por lo que no es necesario ahondar en ello. Hay edición para los de buena cabeza en *La Regenta,* «edición de Juan Oleza» en Cátedra, Madrid, 2004 y 2005.

a fuerza de repetirla, quien acude al libro abandone la piedra angular de Vives Ponce de León, por indigesta y posiblemente pómez, y prefiera la de Virgilio por segura, aunque aburrida pero granítica; total, piedra por piedra, mejor la duradera, aunque cueste más cincelarla. Se corre el riesgo de que igualar a Vives Ponce de León con Thomas Mann lleve a pensar que el calificativo dado a aquel es arbitrario, arrogante, excesivo y soberbio, de ahí el efecto paralizante sobre el criterio.

Sucede que hoy nos las vemos con un ambiente cultural diferente (¿opuesto?) al de 1749: leer a Virgilio en ciertos ambientes cierra más puertas de las que abre. Saber decir cosas de la novela de Vives Ponce de León, que es «cautivadora gracias a una prosa profunda y serena que refresca y renueva los valores de la literatura apoyada en un lenguaje universal», permite interactuar en las redes sociales y en las terrazas; Virgilio, no tanto. Es sabido que si sabes algo de Hermenegilda Vives Ponce de León (Villanueva de la Serena, 1958, autora de la considerable…), ese «fenómeno literario que con esta su primera novela [*Huir contigo es huir dos veces,* 2021] muestra un inusual vigor juvenil y la cautivadora fuerza de la nostalgia que acompaña a [*sic*] la creación madura»[134] puedes convertirte en el centro de muchas conversaciones. Como consecuencia, poner solo piedras angulares puede provocar que luego nos olvidemos de dejar espacio a puertas y ventanas por las que corra el aire y limpie el ambiente sobrecargado.[135]

134 Sobre la adjetivación descuidada, Ángel González opinó de manera curiosa en «Poeta joven»: «Vivir para ver; ¡joven poeta de cuarenta años! | ¿Último logro de la geriatría? | No; retrasado mental, sencillamente», en *Prosemas o menos,* Hiperión, Madrid, 1985, p. 51.

135 Para una visión académica y de conjunto antes de que todo se desparramara, siempre son aconsejables J. Gracia y D. Ródenas, *Historia de la literatura española* [2011].

La llamada de atención puede ayudar a los desconfiados por naturaleza a leer «acontecimiento comercial» donde otros dicen «acontecimiento literario» y a asumir que tenemos que vivir entre «fenómenos editoriales» cuando nos gustaría vivir sencillamente entre «fenómenos literarios» sin que nadie nos repitiera hasta el absurdo qué estamos a punto de comprar y lo paletos que seremos si no compramos el «libro que cambiará nuestras vidas y nos enseñará el valor del coraje y la importancia de la amistad». Hasta una autora inteligentísima —Sara Mesa— implicada en un fenómeno literario se quejaba del abuso, del cuánto vacía el sentido el abuso de palabras, tengan sentido o no lo tengan. Como en el cuento del lobo, si a todo se le llama «acontecimiento literario» acabaremos (hemos acabado) por llamar acontecimiento literario a la publicación de una sandez, aunque solo sea por razón estadística; hemos llegado a no acudir a la llamada de auxilio cuando nos acosaba la literatura no artificial, la no cacareada.

Cuando las «piedras angulares» y las «obras capitales» y las «prosas cautivadoras» caen sobre las solapas como la sal en las ensaladas, antes o después se aprecia el exceso o el defecto, sube la tensión y sobreviene el rechazo. Ante el poder irracional de la estadística, a los lectores y a las lectoras les vienen ganas de corregir al editor admirador del algoritmo y decirle: «Lo que usted llama prosa irrepetible y cautivadora, ¿no se tratará de cautiverio comercial, de una piedra angular del flujo de caja?».

Si yo fuera autor de novelas (no he escrito una sola en mi vida) me enfadaría mucho con el editor si se atreviera a decir que la prosa del libro es «magmática y vehemente» y, más aún, si se permitiera decirlo alegremente a los cuatro vientos. Leí por dinero la novela de Manuel Jabois titulada *Malaherba* apenas publicada. No hace al caso decir qué me pareció el libro porque, cuando se lee por dinero, el juicio puede acabar equivocado, pero agradezco infinitamente que ni en las solapas ni en las cuartas de cubierta se dijeran obviedades sobre la prosa del autor y sobre el papel que ocupa en el panorama literario universal.

En la biblioteca del pueblo de la España que no cuenta había a finales de 2021 una mesa con una selecta exposición de novedades recibidas en los últimos meses. Diez de ellas aparecían también en las selecciones de «mejores novelas del año» preparadas por los suplementos y las publicaciones culturales. No hace falta repetir aquí el resultado del fino cálculo que distribuye listas, títulos y premios, sea de acuerdo con cuotas de mercado y de preferencias empresariales, sea como pago de favores intercambiables o de promoción del colega. No se trata aquí de impugnar las piedras angulares que lo son,[136] sino de abrir los ojos ante las que no lo son: esto es, ante las que el editor metido a cantero necesita que lo sean a toda costa. Unas preguntas a la bibliotecaria y otras a las participantes en el club de lectura creado alrededor de la biblioteca, y un análisis de los libros no seleccionados, pueden servir de conclusión y de acotación a las expresiones que se leen en las novelas que aspiran a ser una «obra maestra merecedora de los más encendidos elogios», porque si uno no comienza la carrera literaria con —al menos— «una prosa profunda y cautivadora capaz de suscitar sentimientos

136 ¿Cómo reprocharle al traductor Mario Verdaguer los calificativos que da a Thomas Mann en el prólogo a la primera edición en castellano de *La montaña mágica* [1924], Apolo, Barcelona, 1934, pp. 7-9?, ¿que lo juzgue «genial gran escritor», que la defina «obra literaria magnífica»? Con todo, como prueba de que los adjetivos tienen virtudes adictivas y de que se ha de estar alerta cuando se consumen, Verdaguer afirma en la p. 8 que el estilo de Mann es «austero y copioso».

ancestrales y versallescos a la par que irreverentes y sencillos» no conseguirá ser «piedra angular» ni de un chamizo.

La bibliotecaria confirmó que cuatro de entre los libros premiados por las cinco editoriales «líderes» que convocan y conceden premios de novela con su nombre «no los pide nadie», que las usuarias han rechazado hacer tertulias literarias con tres de ellos a pesar de ser «testimonios únicos de sentimientos profundos y universales» y de que el editor asegure que la autora sabe «suscitar el interés desde el primer momento»[137] gracias a un

> estilo único, lleno de lirismo sin sentimentalismo que ofrece esa escritura tensa y profunda, una obra maestra de perturbadora e intrigante profundidad suficiente para acercar al autor a esa primera línea del panorama literario universal y confirmar una larga y sólida carrera. La extraordinaria fuerza expresiva y el coraje ante las adversidades de este relato elocuente y vital harán que el lector de este libro aprecie la genialidad y la elegancia de una historia que fluye como ese río al que la necesidad de hacer nostalgia del pasado y la obligación de superar los desafíos del futuro son los pilares que hacen de ese fluir una obra capital de nuestro tiempo. Un clamoroso éxito.

Quienes leen habitualmente novelas habrán reconocido —obsérvese la colocación de los demostrativos— muchas de estas expresiones paralizantes: lo son porque cansan y porque abren la puerta a crear infinidades de frases con sentido relativo, de

137 Hemos visto en la primera parte del volumen que organizar bien las peripecias desde la primera página es el abecé de la disciplina narrativa, según casi todos los libros dedicados a la novela. Ponderar que un autor o autora conoce los rudimentos de su oficio no parece un gran elogio. La teoría de J. L. Borges [1980] se condensa en que para que un libro sea una novela han de pasar cosas, y el motor del pasar las cosas es la «causalidad»; el abecé, vamos.

esas que no tienen valor.[138] De hecho, hay muchas frases así más, pero que con estas bastan para a) ver que son como el ungüento blanco, y b) dar un poco de razón a Giulio Einaudi, persona poco sospechosa de desafección al libro, cuando hablaba mal del oficio, de sí mismo, y de la deriva editorial en tres puntos (el primero ya ha sido citado en § 1.1 y hace referencia a lo poco que cuenta el autor en la lasaña editorial). El segundo puede ser una invitación a que el editor y la editora intenten ser sinceros:

> Pensaba el otro día, ante esta publicidad que es siempre la misma, que de un editor a otro parece copiada porque todos los libros parecen iguales, todos importantísimos y fundamentales [¿Y si el editor se atreviera a decir?:] querido lector, este mes no tenemos gran cosa, un viaje a Mesopotamia, un libro normal de un americano desconocido, un libro de un joven que se nos ha presentado así por la buenas. Noticias sinceras, en una palabra.

Según Einaudi, la sinceridad es aconsejable porque el espacio que ocupa lo banal es espacio robado a lo importante:

> Por cada superventas «verdadero», ¿cuántos falsos?, ¿cuántos acaban como pasta de papel? ¿Cuántas costosísimas campañas de publicidad tiradas a la basura? Un resultado, sin duda, el superventas «falso» ha

138 Gabriel Ferrater —hemos empezado las notas [véase la 4] con él y con él (casi) las acabamos— escribió para algunas editoriales unos brillantes pareceres o informes de lectura. Para Seix Barral redactó uno demoledor centrado en un libro sobre Picasso, concluyente: «Todos estos disparates culminan en [...] Me parece impensable hacer que la gente de aquí se trague este libro». El libro lleno de disparates lo publicó en 1990 otra editorial con esta frase en la cuarta de cubierta: «Este es el libro más importante sobre Picasso escrito hasta hoy». Está en la casa de Caspe, se me perdone el irenismo, y coincido con Ferrater.

> conseguido: desplazar de las mesas de las librerías, como hace la falsa moneda con la buena, los libros de editores que valen la pena [Cesari 2018:92 y 8].

Las llamadas de atención lanzadas por personas con un conocimiento profundo —y de primera mano— de la industria editorial y de primera mano deberían invitar a la reflexión. Lo hace Jaime Salinas cuando afirma que debemos estar atentos a los modelos que seguimos y al triunfo al que aspiramos: «Creo que todo este proceso de ser leído por un editor, de ser convertido en un producto de "consumo", forma parte del ser editor en nuestros días». Es decir, buscar a toda costa que un editor sancione con una frase afirmativa el trabajo, que con un sí decrete el fracaso o el triunfo de la piedra angular que todo escritor tiene en el cajón lleva a recordar que «el editor moderno es un monstruo terrible que a la larga conseguirá destruir la literatura».[139]

Caspe, Madrid, Bolonia,
16 de noviembre de 2022 - 15 de enero de 2025

139 Sentencia ¿premonitoria? de J. Salinas [2020:88]. Aprovecho para recordar que «el español se resiste a sintetizar, su arma más desarrollada para convencer al prójimo es la repetición» [*ibidem*, 222], que quizá tenga algo que ver con la destrucción por insistencia.

Bibliografía

Adorno, T. W. [1971], *Teoría estética* [1970], Taurus, Madrid.

Agustí, Ll., *et alii* (eds.) [2018], *Edición y propaganda del libro. Las estrategias publicitarias en España e Hispanoamérica (siglos XVII-XX),* Calambur, Valencia.

Agustí, Ll., *et alii* (eds.) [2021], *Redes del libro en España. Agentes y circulación del impreso (siglos XVII-XX),* Prensas de la Universidad de Zaragoza.

Alberca Serrano, M. [2007], *El pacto ambiguo,* Biblioteca Nueva, Madrid.

Alberca Serrano, M. [2017], *La máscara o la vida,* Pálido fuego, Málaga.

Alberca Serrano, M. [2017b], «El biógrafo, entre el deseo y el pacto», *Revista de Occidente,* 431 (abril de 2017), pp. 103-114.

Allen, P. S. y H. M. Allen [1909], *Opus epistolarum Desiderii Erasmi Roterodami, I-XI, In typographeo clarendoniano,* Oxford. El volumen VII se publicó en 1928.

Álvarez Barrientos, J. [2006], *Los hombres de letras en la España del siglo XVIII. Apóstoles y arribistas,* Castalia, Madrid.

Arbasino, A. [1993], *Fratelli d'Italia,* Adelphi, Milán, 1993[5].

ARISTÓTELES [1999], *Poética,* V. García Yebra (ed.), Gredos, Madrid.
AUERBACH, E. [1979], *Mimesis,* Fondo de Cultura Económica, México.
AUGÉ, M. [1996], *Le sens des autres,* Fayard, París.
AYALA, F. [1984], *La estructura narrativa y otras experiencias literarias,* Crítica, Barcelona.
AYUSO, B. [2024], entrevista a V. Gornick, «La maestra de la literatura del yo», *El País,* 7 de julio de 2024.
BAJTÍN, M. [1989], *Estética de la creación verbal,* Siglo XXI, Madrid.
BAJTÍN, M. [1989b], *Teoría y estética de la novela,* H. S. Kriúkova y V. Cazcarra (trs.), Taurus, Madrid.
BAJTÍN, M. [2012], *Problemas de la poética de Dostoievski,* Tatiana Bubnova (tr.), FCE, México.
BAJTÍN, M. [2019], *La novela como género literario,* Carlos Ginés Orta (tr.), PUZ, Zaragoza.
BARÓ, M. [2018], «El impacto de un libro en la publicidad editorial: el caso de *La verdad sobre el negocio editorial* de Stanley Unwind y la Editorial Juventud», en AGUSTÍ [2018:53-77].
BATTAGLIA, S. [1968], *Mitografia del personaggio,* Rizzoli, Milán.
BAYARD, P. [2000], *Comment améliorer les œuvres ratées?,* Éditions du Minuit, París.
BELPOLITI, M. [2010], *Senza vergogna,* Guanda, Milán.
BELTRÁN ALMERÍA, L. [2021], *Estética de la novela,* Cátedra, Madrid.
BENEDETTI, C. [2021], *La letteratura ci salverà dall'estinzione,* Einaudi, Turín.
BÉNICHOU, P. [2012], *La coronación del escritor 1750-1830. Ensayo sobre el advenimiento de un poder espiritual laico en*

la Francia moderna [1973], Fondo de Cultura Económica, México.
Berardinelli, A. [2011], *Non incoraggiate il romanzo. Sulla narrativa italiana,* Marsiglio, Venecia.
Berardinelli, A. [2012], *Leggere è un rischio,* nottetempo, Roma.
Berardinelli, A. [2016], *Discorso sul romanzo moderno. Da Cervantes al Novecento,* Carocci, Roma.
Berto, G. [2021], *El mal oscuro* [1964], J. Millás (pr.), C. Clavería Laguarda (tr.), Altamarea, Madrid.
Blanco, S. [2018], *Autoficción, una ingeniería del yo,* Punto de vista editores, Madrid.
Blanco, S. [2022], *Autoconfesión, tres conferencias autoficcionales,* Punto de vista editores, Madrid.
Blecua Teijeiro, J. M. [1977], *Sobre el rigor poético en España,* Ariel, Barcelona.
Bloch-Michel, J. [1967], *La «nueva novela»,* G. Torrente Ballester (tr.), Guadarrama, Madrid.
Bloom, H. [2012], *Novelas y novelistas. El canon de la novela,* E. Berti (tr.), Páginas de Espuma, Madrid.
Bobes Naves, M. del C. [1993], *La novela,* Síntesis, Madrid.
Bobes Naves, M. del C. [1994], *Teoría general de la novela. Semiología de La Regenta,* Gredos, Madrid.
Bobes Naves, M. del C. [2018], *El personaje literario en el relato,* CSIC, Madrid.
Bodei, R. [2006], *Destinos personales. La era de la colonización de las conciencias,* El cuenco de plata, Buenos Aires.
Bodei, R. [2014], *Imaginar otras vidas,* Herder, Barcelona.
Borges, J. L. [1980], «La postulación de la realidad», del libro *Discusión* (1932), en *Prosa completa,* I, Bruguera, Barcelona.

Botrel, J.-F. [1988], *La diffusion du libre en Espagne (1868-1914),* Casa de Velázquez, Madrid.

Bourneuf, R., y R. Ouellet [1981], *La novela* [1972], E. Sullà (tr.), Ariel, Barcelona.

Bouza, F. [1987], «Para qué imprimir. De autores, público, impresores y manuscritos en el Siglo de Oro», en *Cuadernos de Historia Moderna* 18 (1997), pp. 31-50.

Bouza, F. [1992], *Del escribano a la biblioteca,* Síntesis, Madrid.

Bouza, F. [2001], *Corre manuscrito. Una historia cultural del Siglo de Oro,* Marcial Pons, Madrid.

Burgelin, C. y I. Grell, R.-Y. Roche [2010], *Autofiction(s),* Presses Universitaires de Lyon, Lyon.

Burke, S. [1995], *Authorship from Plato to the Postmodern. A reader,* Edinburgh University Press, Edimburgo.

Caballé, A. [1995], *Narcisos de tinta. Ensayo sobre la literatura autobiográfica en lengua castellana (1939-1975),* Megazul, Málaga.

Caballé, A. [2017], «¿Cansados del yo?», *El País,* 6 de enero de 2017.

Caballé, A. [2021], *El saber biográfico,* Nobel, Oviedo.

Caballé, A. y J. Bonet [2000], *Mi vida es mía,* Plaza & Janés, Barcelona.

Calvino, I. [1983], «Tres corrientes de la literatura italiana de hoy» [1959], en *Punto y aparte,* G. Sánchez Ferlosio (tr.), Barcelona, Bruguera. Hay edición de 2013, con la misma traducción, en Siruela; utilizo aquella.

Calvino, I. [2022], *I libri degli altri* [1991], G. Tesio (ed.), M. Belpoliti (exc.), Mondadori (Oscar Cult). Hay edición española, fragmentaria, como *Los libros de los otros,* A. Bernárdez (tr.), Siruela, Madrid, 2014.

Calvino, I. [2022b], *Lezioni americane* [1988], G. Manganelli (exc.), Mondadori (Oscar), Milán. Hay edición española como *Seis propuestas para el nuevo milenio,* A. Bernárdez (tr.), Siruela, Madrid, 2018[12].

Campanelli, M. [2017], «*In errorum fovea languentes.* Esportare la filologia nell'età degli incunaboli», en *Rationes rerum. Rivista di filologia e storia,* 10 (2017), pp. 177-220.

Cañelles, I. [1993], *La construcción del personaje literario. Un camino de ida y vuelta,* Ediciones y Talleres de Escritura Creativa Fuentetaja, Madrid.

Capito, W. [2015], *The Correspondence of Wolfgang Capito,* 3, E. Rummel (ed.), University of Toronto Press, Toronto.

Cardano, G. [2002], *Mis libros,* F. Socas (ed.), Akal (Clásicos Latinos Medievales y Renacentistas, 11), Madrid.

Carver, R. [1987], *De qué hablamos cuando hablamos de amor,* J. Zulaika Goicoechea (tr.), Anagrama, Barcelona.

Carver, R. [2021], *Principianti,* W. L. Stull y M. P. Carroll (eds.), con una selección de cartas de R. Carver a G. Lish y una nota de R. Duranti (tr.), Einaudi, Turín, 2021[4]. Utilizo la edición italiana para los datos que dan Stull y Carroll y las cartas de Carver. Hay edición española como *Principiantes,* J. Zulaika Goicoechea (tr.), Anagrama, Barcelona, 2010.

Casas, A. (ed.) [2012], *La autoficción. Reflexiones teóricas,* Arco Libros, Madrid. Con textos de M. Alberca, J. M. Pozuelo Yvancos, M. Darrieussecq, A. Casas, S. Doubrovsky, V. Colonna, Ph. Gasparini, Ph. Forest. M. Wagner-Egelhaaf, G. Champeau, C. Orsini-Saillet y D. Ródenas de Moya.

Casas, A. [2014], *El yo fabulado: nuevas aproximaciones críticas a la autoficción,* Iberoamericana Editorial Vervuert, Madrid.

Casas, A. [2022], *Pensar lo real. Autoficción y discurso crítico,* Iberoamericana Editorial Vervuert, Madrid.

Castillo Gómez, A. (ed.) [1999], *Escribir y leer en el siglo de Cervantes,* Gedisa, Barcelona.

Castillo Gómez, A. (ed.) [2003], *Libro y lectura en la Península Ibérica y América: siglos XIII a XVIII,* Consejería de Cultura y Turismo, Valladolid.

Castillo Gómez, A. [2016], *Leer y oír leer. Ensayos sobre la lectura en los Siglos de Oro,* Iberoamericana & Vervuert, Madrid-Frankfurt.

Cátedra, P. M. y A. Rojo [2004], *Bibliotecas y lecturas de mujeres. Siglo XVI,* Instituto de Historia del Libro y de la Lectura, Salamanca.

Cercas, J. [2016], *El punto ciego. Las conferencias Weidenfeld 2015,* Random House Mondadori, Barcelona.

Cercas, J. [2024], *La aventura de escribir novelas. Conversaciones con Bruno Arpaia, Sergio del Molino y Félix de Azúa,* L. Suárez Armaroli (tr.), Altamarea, Madrid.

Cerda, J. de la [2010], *Vida política de todos los estados de mujeres,* Enrique Suárez Figaredo (ed.), *Lemir. Revista de Literatura Española Medieval y del Renacimiento* 14 (2010).

Cesari, S. [2018], *Colloquio con Giulio Einaudi* [1991], Einaudi, Turín. Hay edición española como *Conversaciones con Giulio Einaudi,* M. San José (tr.), Trama editorial, Madrid, 2009.

Chartier, R. [1993], *Libros, lecturas y lectores en la Edad Moderna,* Alianza Editorial, Madrid.

Cherchi, G. [2017], «Non si sfugge alla rosa. Ma in nome di che cosa?» en *Il manifesto,* septiembre de 1984 y luego en *Scompartimento per lettori e taciturni,* minimum fax, Roma, pp. 83-86.

Cioran, E. [2020], *Cuadernos. 1957-1972,* M. Lahoz Bernal (tr.), Tusquets, Barcelona.

Clair, W. St. [2004], *The Reading Nation in the Romantic Period,* Cambridge University Press, Cambridge.
Clavería Laguarda, C. [2017], *¡Cuánto cuesta leer! Reflexiones sobre el precio de algunos libros españoles (1543-1806),* PUZ-*In culpa est,* Zaragoza.
Clavería Laguarda, C. [2018], *Erasmo, hombre de mundo,* Cátedra, Madrid.
Clavería Laguarda, C. [2018b], *Los correctores: tipos duros en imprentas antiguas,* PUZ-*In culpa est,* Zaragoza.
Clavería Laguarda, C. [2020], *Elogio de la abyección. Quince personajes de novela,* Altamarea, Madrid.
Constenla, T. [2017], «Javier Marías: "Todo el mundo cree que puede escribir una novela"», *El País,* 7 de septiembre de 2017.
Cuenca, J. M. [2015], *Mientras llega la felicidad. Una biografía de Juan Marsé,* Anagrama, Barcelona.
Dadson, T. [1998], *Libros, lectores y lecturas. Estudios sobre bibliotecas particulares españolas del Siglo de Oro,* Arco Libros, Madrid.
Dane, J. A. [2003], *The Myth of Print Culture. Essays on Evidence, Textuality, and Bibliographical Method,* University of Toronto Press, Toronto.
Darrieusecq, M. [1996], «L'autofiction, un genre pas sérieux», *Poétique* 107 (1996), pp. 369-380.
Davies, M. [1995], «Making sense of Pliny in the Quattrocento», *Renaissance Studies* 9.2 (1995), pp. 240-257.
Debenedetti, G. [1977], *Personaggi e destino. La metamorfosi del romanzo contemporaneo,* F. Brioschi (ed.), il Saggiatore, Milán.
Debenedetti, G. [2017], *Il personaggio uomo,* il Saggiatore, Milán.
Del Giudice, D. [2024], *Del narrare,* Einaudi, Turín.

DI GIROLAMO, C. [1982], *Teoría critica de la literatura,* A. Pérez (tr.), Crítica, Barcelona.
DIAZ, J.-L. [2007], *L'écrivain imaginaire: scénographies auctoriales à l'époque romantique,* Champion, París.
DIDEROT, D. [2000], *Carta sobre el comercio de libros. Estudio preliminar de Roger Chartier,* A. García Schnetzer (ed.), FCE, México.
DOMÍNGUEZ MICHAEL, Ch. [1998], *Servidumbre y grandeza de la vida literaria,* Joaquín Mortiz, México.
DOMÍNGUEZ MICHAEL, Ch. [2009], *La sabiduría sin promesa. Vidas y letras del siglo XX,* Lumen, México, 2009.
DOMÍNGUEZ MICHAEL, Ch. [2022], *Maiakovski punk y otras figuras del siglo XXI,* Taurus, México.
DONOVAN, S., D. FJELLESTAD y R. LUNDÉN (eds.) [2008], *Authority Matters: Rethinking the Theory and Practice of Authorship,* Rodopi, Ámsterdam y Nueva York.
EINAUDI, G. [2009], *Frammenti di memoria,* Nottetempo, Milán.
EISENSTEIN, E. L. [2011], *Divine Art, Infernal Machine, The Reception of Printing in the West,* University of Pennsylvania Press, Philadelphia.
ENZENSBERGER, H. M. [1991], *Mediocridad y delirio,* M. Faber-Kaiser (tr.), Anagrama, Barcelona.
ERASMO DE ROTTERDAM [1531], Carta a Johannes von Botzheim, 30 de enero de 1531, en P. S. ALLEN (ed.), *Opus epistolarum Erasmi,* I.
ERNAUX, A. y R. M. LAGRAVE [2024], *Escribir la intimidad,* G. Pérez Rodríguez (tr.), Altamarea, Madrid. Edición francesa: *Une conversation,* EHESS, París, 2023.
ESCOLAR SOBRINO, H. (coord.) [1996], *Historia ilustrada del libro español. La edición moderna. Siglos XIX y XX,* Fundación Germán Sánchez Ruipérez, Madrid.

EPSTEIN, J. [2023], *The Novel. Who needs It,* Encounter Books, Nueva York.

EZQUERRO, M., y D. VILLANUEVA [1990], *El personaje novelesco,* Ministerio de Educación, Cultura y Deporte, Madrid.

FERRATER, G. [2000], *Noticias de libros,* D. Ródenas (tr.), Península, Barcelona; hay edición de 2012, con prólogo de J. Aparicio Maydeu.

FERRERAS, J. I. [1987], *La novela en el siglo XVIII.* [Forma parte de] *Historia crítica de la Literatura Hispánica,* 13, Taurus, Madrid.

FERRERO, E. [2022], *Album di famiglia,* Einaudi, Turín.

FERRETTI, G. C. [2019], «Matite rosso-blu e forbici divine», en *Il marchio dell'editore. Libri e carte, incontri e casi letterari,* Interlinea, Novara, pp. 259-262.

FLAUBERT, G. [1963], *Extraits de la correspondance ou préface à la vie d'écrivain,* G. Bollème (ed.), Seuil, París.

FLOOD, John L. [2003], «Printed Books as a Commercial Commodity in the Fifteenth Century», en JENSEN [2003:139-151].

FORSTER, E. M. [1983], *Aspectos de la novela,* G. Lorenzo (tr.), Debate, Madrid.

FRYE, N. [1973], *La estructura inflexible de la obra literaria,* R. Durbán Sánchez (tr.), Taurus, Madrid.

FRYE, N. [1986], *El camino crítico. Ensayo sobre el contexto social de la crítica literaria,* M. Mac-Veigh (tr.), Taurus, Madrid.

GARCÍA GUAL, C. [1974], *Primeras novelas europeas,* Istmo, Madrid.

GARCÍA GUAL, C. [2004], *Primeras novelas,* Gredos, Madrid.

GARCÍA PEINADO, M. A. [1998], *Hacia una teoría general de la novela,* Arco Libros, Madrid.

GASPARINI, Ph. [2004], *Est-il je?,* Éditions du Seuil, París.

GASPARINI, Ph. [2008], *Autofiction. Une aventure du langage,* Seuil, París.

GASS, W. H. [1994], «The Art of Self. Autobiography in an Age of Narcissism», *Harper's Magazine,* lo tomo de la edición en línea del 7 de diciembre de 2017.

GEFEN, A. [2017], *Réparer le monde: la littérature française face au XXIe siècle,* Corti, París.

GENETTE, G. [1989], *Palimpsestos. La literatura en segundo grado,* C. Fernández Prieto (tr.), Taurus, Madrid.

GREENHAM, D. [2019], *Close Readings,* Routledge, Nueva York.

GIRARD, R. [2023], *Mentira romántica y verdad novelesca,* J. Jordá (tr.), Anagrama, Barcelona.

GLENDINNING, N. [1972], *Historia de la literatura española, 4. El siglo XVIII,* J.-C. Mainer (ed.), L. A. López (tr.), Ariel, Barcelona, 1981[3].

GONZALO SÁNCHEZ-MOLERO, J. L. [2016], «Los orígenes de la portada: un laberinto editorial con una salida inesperada», *Titivillus* 2 (2016), pp. 127-157.

GRACIA, J. [1997], «El paisaje interior», en *Boletín de la Unidad de Estudios Biográficos* 2 (1997), pp. 39-59.

GRACIA, J. [2021], *Los papeles de Herralde. Una historia de Anagrama 1968-2000,* Anagrama, Barcelona.

GRACIA, J. [2011], *El intelectual melancólico,* Anagrama, Barcelona.

GRACIA, J. y D. RÓDENAS [2011], *Historia de la literatura española. 7. Derrota y restitución de la modernidad 1939-2010,* Crítica, Barcelona.

GRAFTON, A. [1991], *Defenders of the Text: The Traditions of Scholarship in the Age of Science, 1450-1800,* Harvard University Press, Cambridge.

GRAFTON, A. [1997], *Commerce with the Classics. Ancient Books and Renaissance Readers,* University of Michigan Press, Michigan.

GRAFTON, A. [2001], *Bring out your Dead: the Past as Revelation,* Harvard University Press, Cambridge.

GRAFTON, A. [2011], *The Culture of Correction in Renaissance Europe,* The British Library, Londres. Hay una peculiar traducción al castellano como *La cultura de la corrección de textos en el Renacimiento europeo,* E. Ghelfi (tr.), Bogotá, Universidad de los Andes, Ediciones Uniandes; Universidad Santo Tomás, Ediciones USTA; Ediciones Ampersand, Buenos Aires, 2020[2].

GRAFTON, A. [2011b], *Humanists with Inky Fingers: The Culture of Correction in Renaissance Europe,* L. S. Olschki, Florencia.

GUICHARD, L. A. [2006], «La *Ulyxea* de Gonzalo Pérez y las traducciones latinas de Homero», en B. Taylor & A. Coroleu (eds.), *Latin and Vernacular in Renaissance Iberia, II: Translations and Adaptations,* University of Manchester, Mánchester, 2006, pp. 49-72.

GULLÓN, R. [1984], *La novela lírica,* Cátedra, Madrid.

HEINICH, N. [2005], *L'élite artiste. Excellence et singularité en régime démocratique,* Gallimard, París.

HELLINGA, L. [2006], *Impresores, editores, correctores y cajistas,* Pablo Andrés Escapa (tr.), Instituto de Historia del Libro y de la Lectura, Salamanca.

HERRALDE GRAU, J. [2019], *Un día en la vida de un editor y otras informaciones fundamentales,* S. Sesé (pr.), Anagrama, Barcelona.

HINDMAN, S. (ed.) [1991], *Printing the written word: the social history of books, circa 1450-1520,* Cornell University Press, Ithaca.

HOMERO [2015], *La Ulixea de Homero, traducida de griego en lengua castellana por el secretario Gonzalo Pérez,* Juan Ramón Muñoz Sánchez (ed.), Universidad de Málaga (Anejos de *Analecta Malacitana,* 99), Málaga.

HORACIO, *Arte poética.* Hay cientos de ediciones al alcance de la mano, elijan la que más les guste.

HUTCHEON, L. [1984], *Narcissistic Narrative: the Metafictional Paradox,* Methuen, Londres.

IACOB M. y A. RODRÍGUEZ POSADA [2018], *Narrativas mutantes. Anomalía viral en los genes de la ficción,* Universidad de Bucarest, Bucarest.

INFANTES, V. (ed.) [2003], *Historia de la edición y de la lectura en España. 1472-1914,* Fundación Sánchez Ruipérez, Madrid.

JAUSS, H. R. [1976], *La literatura como provocación,* J. Godó Costa (tr.), Península, Barcelona.

JAUSS, H. R. [1986], *Experiencia estética y hermenéutica literaria,* Taurus, Madrid.

JENSEN, K. [2003], *Incunabula and their readers. Printing, Selling and Using Books in the Fifteenth Century,* The British Library, Londres.

KARASHIMA, D. [2020], *Who We're Reading When We're Reading Murakami,* Soft Skull Press, Nueva York.

KENNEY, E. J. [1974], *The Classical Text. Aspects of Editing in the Age of Printed Book,* University of California Press, Berkeley.

KOHAN, A. E. [2016], *Escribe tu vida real,* Alba editorial, Madrid.

KUNDERA, M. [2006], *El arte de la novela,* Tusquets, Barcelona.

LASCH, Ch. [1999], *The Culture of Narcissism. American Life in an Age of Diminishing Expectations* [1979]. Hay edición española como *La cultura del narcisismo*, J. Collyer (tr.), Editorial Andrés Bello, Barcelona.

Laurens, C. [2010], «Qui dit ça», en Burgelin [2010:25-34].

Lausberg, H. [1983], *Elementos de retórica literaria. Introducción al estudio de la filología clásica, románica, inglesa y alemana,* Gredos (BRH, 36), Madrid.

Lejeune, Ph. [2001], *Le pacte autobiographique,* Éditions du Seuil, París, 1975. Véase en castellano *Definir la autobiografía,* A. Hurtado (tr.), *Boletín de la Unidad de Estudios Biográficos* 5 (2001), pp. 9-18.

Leopardi, G. [1898], *Pensieri di varia filosofia e di bella letteratura,* Le Monnier, Florencia.

Llovet, J. [2018], *La literatura admirable,* Pasado y Presente, Barcelona.

Lorentzen, Ch. [2015], «Gordon Lish, The Art of Editing nº 2», *The Paris Review* 215 (invierno de 2015).

Love, H. [1998], *The culture and commerce of texts: Scribal Publication in Seventeenth-century England,* University of Massachusetts Press, Amherst.

Lowry, M. [1979], *The World of Aldus Manutius: Business and Scholarship in Renaissance Venice,* Blackwell, Oxford.

Lucrecio Caro, T. [2016], *De rerum natura. Editio princeps (1472-1473),* M. Beretta (ed.), Bononia University Press, Bolonia.

Lukács, G. [1971], *Teoría de la novela,* Edhasa, Barcelona.

Lukács, G., M. Bajtín *et alii* [1976], *Problemi di teoria del romanzo,* Einaudi, Turín.

Manganelli, G. [1985], *La letteratura come menzogna,* Adelphi, Milán. Hay edición española como *La literatura como mentira,* M. Lauretta (tr.), Dioptrías, Madrid, 2014.

Manganelli, G. [2020], *Concupiscenza libraria,* Adelphi, Milán.

MANGUEL, A. [2003], *Una historia de la lectura,* Alianza Editorial, Madrid.

MANN, Th. [1947], *Essays on three decades,* H. T. Lowe-Porter (tr.), Alfred A. Knopf, New York, 1947.

MANRIQUE SABOGAL, W. [2022], «Autoficción en España y América Latina: escritores y libros que han marcado una narrativa / 1-2», en *wmagazin.com,* 9-11 de diciembre de 2022.

MANTELLINI, M. [2023], *Invecchiare al tempo della rete,* Einaudi (Vele, 204), Turín.

MANUZIO, A. [2017], *Lettere prefatorie a edizioni greche,* C. Bevegni y N. Wilson (eds.), Adelphi, Milán.

MARCHESE, A. y J. FORRADELLAS [2000], *Diccionario de retórica, crítica y terminología literaria,* Ariel, Barcelona.

MARCHESINI, M. [2019], *Casa di carte. La letteratura italiana dal boom ai social,* il Saggiatore, Milán.

MARÍAS, J. [1990], «Quién escribe», en *El personaje novelesco,* M. Mayoral (ed.), Cátedra, Madrid, pp. 91-100.

MARICHAL, J. [1957], *La voluntad de estilo (Teoría e historia del ensayismo hispánico),* Barcelona, Seix Barral.

MARSÉ, J. [2017], «Mi nefasta experiencia como jurado», *El País,* 14 de febrero de 2017.

MARSÉ, J. [2021], *Notas para unas memorias que nunca escribiré,* I. Echeverría (ed.), Lumen, Barcelona.

MARTÍNEZ MARTÍN, J. A. (dir.) [2001], *Historia de la edición en la España contemporánea (1836-1936),* Marcial Pons, Madrid.

MARTÍNEZ MARTÍN, J. A. (dir.) [2015], *Historia de la edición en la España contemporánea (1939-1975),* Marcial Pons, Madrid.

MAX, D. T. [1998], «The Carver Chronicles», *The New York Times,* 9 de agosto de 1998.

MAYORAL, M. (ed.) [1990], *El personaje novelesco,* Cátedra, Madrid.

McCarthy, M. [1981], *Ideas and the Novel,* George Weidenfeld and Nicolson, Londres.

Mendelsohn, D. [2010], «But Enough About Me», en *The New Yorker,* 25 de enero de 2010, y luego en *Waiting for the Barbarians,* The New York Review of Books, Nueva York. Hay edición italiana como *Estasi e terrore. Dai greci a "Mad Men",* N. Gobetti (tr.), Einaudi, Turín, 2024.

Michaud, J. [2009], «Back Issues: Raymond Carver», *The New Yorker: Back Issues,* 28 de octubre de 2009.

Mill, J. S., Th. L. Peacock y P. B. Shelley [2002], *El valor de la poesía,* E. Sánchez Fernández (ed.), Hiperión, Madrid.

Molero, A. [2000], *La autoficción en España. Jorge Semprún, Carlos Barral, Luis Goytisolo, Enriqueta Antolín y Antonio Muñoz Molina,* Peter Lang, Bristol. Es aconsejable la reseña de M. Alberca en el *Boletín de la Unidad de Estudios Biográficos* 5 (2001), pp. 175-179.

Molière [2006], *Le bourgeois gentilhomme,* citado por H. M. Enzensberger y A. Berardinelli, *Che noia la poesia. Pronto soccorso per lettori stressati,* Einaudi, Turín.

Morselli, G. [1988], *Diario,* Adelphi, Milán.

Myers, R., (ed.) [2004], *Against the Law. Crime, Sharp Practice and the Control of Print,* The British Library, Londres.

Novela & vida [2020], J. Parra Ramos y otros (eds.), Fundación Caballero Bonald, Jerez de la Frontera.

Nuovo, A. [1998], *Il commercio librario nell'Italia del Rinascimento,* F. Angeli, Milán.

Oleza, J. [1976], *La novela del siglo xix. Del parto a la crisis de una ideología,* Bello, Valencia.

Ong, Yi-Ping [2018], *The Art of Being Poetics of the Novel and Existentialist Philosophy,* Harvard University Press, Cambridge.

Ortega y Gasset, J. [2019], *La deshumanización del arte e Ideas sobre la novela y otros ensayos,* Alianza Editorial, Madrid.

Palmer, A. [2014], *Reading Lucretius in the Renaissance,* Harvard University Press - I Tatti Renaissance Studies Series, Cambridge.

Pavel, Th. [2005], *Representar la existencia,* Crítica, Barcelona.

Pavel, Th. [2009], *Fictional words,* Harvard University Press, Cambridge.

Pavel, Th. [2013], *The lives of the novel,* Princeton University Press, Princeton.

Pavese, C. [2023], *El oficio de vivir. (Diario 1935-1950),* C. Clavería Laguarda (ed.), Edizioni di Via Gramsci, Bolonia.

Perec, G. [1975], *W ou le souvenir d'enfance,* Denoël, París.

Pérez Fontdevila, A. y M. Torras Francès [2016], *Los papeles del autor. Marcos teóricos sobre la autoría literaria,* Arco Libros, Madrid.

Personaggio romanzesco: teoria e storia di una categoria letteraria, Il [1998], F. Fiorentino y L. Carcereri (eds.), Bulzoni, Roma.

Petrera, R [1981]. *La prima controversia sul copyright nella storia dell'editoria, Leone x Giovanni de' Medici e Alessandro Minutiano,* Minutiana, Roma.

Petrucci, A. [1977], *Libri, editori e pubblico nell'Europa moderna: guida storica e critica,* Laterza, Bari. Hay edición en castellano como *Libros, editores y público en la Europa moderna,* Alfons el Magnànim, Valencia, 1990.

Place, E. W. [1954], «El *Amadís* de Montalvo como manual de cortesanía en Francia», *Revista de Filología Española* 38 (1954), pp. 151-169.

Pontiggia, G. [2013], *Lettore di casa editrice,* A, Franchini (ed.), Henry Beyle, Milán.

Pozuelo Yvancos, J. M. [2010], *Figuraciones del yo en la narrativa. Javier Marías y Enrique Vila-Matas,* Universidad de Valladolid-Junta de Castilla y León, Valladolid.

Praz, M. [1952], *La crisi dell'eroe nel romanzo vittoriano,* Sansoni, Florencia.

Praz, M. [1999], *La carne, la muerte y el diablo en la literatura romántica,* R. Mettini (tr.), Acantilado, Barcelona.

Propp, W. [1981], *Morfología del cuento,* Fundamentos, Madrid.

Quondam, A. [1977], «"*Mercanzia d'onore*", "mercanzia d'utile": produzione libraria e lavoro intellettuale a Venezia nel cinquecento», en Petrucci [1977:51-104].

Raine, C. [2009], «Raymond Carver», *Areté* 29 (2009). A veces citado como «Dr. Lish and Mr. Carver» (Sweeten).

Reichhart, G. [1895], «Alphabetisch geordnetes Verzeichnis der Correctoren der Buchdruckereien des 15. Jahrhunderts», en *Beiträge zur Incunabelnkunde* 1, O. Harrassowitz, Leipzig, pp. 1-158.

Reig, R. [2006], *Manual de literatura para caníbales,* Debate, Madrid.

Rico, F. [1985], «Paradojas de la novela», en *El País,* 14 de marzo de 1985. Reimpreso en *Los discursos del gusto. Notas sobre clásicos y contemporáneos,* L. Fernández (ed.), Destino, Barcelona, 2003, pp. 24-28.

Rico, F. [1988], *El pequeño mundo del hombre,* Alianza Editorial, Madrid.

Rico, F. [1990], *Textos y contextos. Estudios sobre la poesía española del siglo* XV, Crítica, Barcelona.

Rico, F. [2000], *La novela picaresca y el punto de vista* [1970], Seix Barral, Barcelona, 2000[5].

ROBIN, R. [2005], *Le golem de l'écriture: de l'autofiction au cybersoi,* Éditions XYZ, Montreal.
ROTH, Ph. [2019], *¿Por qué escribir?,* Debolsillo, Barcelona.
RUEDA RAMÍREZ, P. *et alii* (eds.) [2016], *La publicidad del libro en el mundo hispánico (siglos XVII-XX): Los catálogos de venta de libreros y editores,* Calambur, Barcelona.
SALINAS, J. [2020], *Cuando editar era una fiesta. Correspondencia privada,* E. Bou (ed.), Tusquets, Barcelona.
SANZ VILLANUEVA, S. (ed.) [1976], *Teoría de la novela,* SGEL, Madrid.
SANZ, M. [2021], epílogo a G. SAPIENZA, *Al filo del mediodía,* M. Márquez (tr.), Altamarea, Madrid.
SARMATI, E. [1996], *Le critiche ai libri di cavalleria nel cinquecento spagnolo (con un sguardo sul seicento). Un'analisi testuale,* Giardini, Pisa.
SARRAUTE, N. [1996], *L'Ère du soupçon,* Gallimard, París, 1956, luego en *Œuvres complètes,* Gallimard (Bibliothèque de la Pléiade), París, pp. 1583 y 2076.
SCHOLES, R., y R. KELLOGG [1966], *The Nature of Narrative,* Oxford University Press, Nueva York.
SCURATI, A. [2003], *La letteratura dell'inesperienza. Scrive romanzi al tempo della televisione,* Bompiani, Milán.
SCURATI, A. [2016], *Dal tragico all'osceno. Raccontare la morte nel XXI secolo,* Bompiani, Milán.
SEGRE, C., [1985], *Principios de análisis del texto literario,* Crítica, Barcelona.
SEGRE, C. [2005], *Tempi di bilanci,* Einaudi, Turín.
SERÉS, G. [1997], *La traducción en Italia y España durante el siglo XV. La «Ilíada en romance» y su contexto cultural,* Ediciones de la Universidad de Salamanca, Salamanca.
SHAW, S. D. [1986], «A Study of the Collaboration Between Erasmus of Rotterdam and his Printer Johann Froben at

Basel During the Years 1514 to 1527», *Erasmus Studies* 6 (1986), pp. 31-124.

SITI, W. [1999], «Il romanzo come autobiografia di fatti non accaduti», *Italies. Narrativa,* 16 de septiembre de 1999, pp. 109-115.

SITI, W. [2021], *Contro l'impegno. Riflessioni sul Bene in letteratura,* Rizzoli, Milán.

SKLENICKA, C. [2009], *Raymond Carver: A Writer's Life, Scribner,* Nueva York.

SONTAG, S. [2007], *Contra la interpretación y otros ensayos,* M. Pesarrodona y H. Vázquez (tr.), Debolsillo, Madrid.

STARA, A. [2004], *L'avventura del personaggio,* Mondadori Education, Milán.

STEIN, G. [1933], *Autobiographie d'Alice Toklas,* Gallimard, París.

STEINER, G. [2013], *Lenguaje y silencio,* Gedisa, Barcelona.

Storia dei «gettoni» di Elio Vittorini, La, I-III [2007], V. Camerano, R. Crovi, G. Grasso y G. Lupo (eds.), Nino Aragno editore, Turín.

SWEETEN, P. [2013], «Light and Change: Repressed Escapism in *What We Talk About When We Talk About Love*», *Journal of the Short Story in English* 60 (2013), pp. 97-112.

TACCA, O. [1973], *Las voces de la novela,* Gredos, Madrid.

TESTA, E. [2009], *Eroi y figuranti. Il personaggio nel romanzo,* Einaudi, Turín.

The Book Trade & its Customers, 1450-1900: Historical Essays for Robin Myers [1997], A. Hunt, G. Mandelbrote y A. Shell (eds.), St. Paul's Bibliographies & Oak Knoll Press, Winchester y Newcastle.

THOMAS, D. [1984], *The Royal Company of Printers and Booksellers of Spain, 1763-1794,* The Whitston Publishing Company, Troy.

Todorov, T. [1966], *Théorie de la littérature. Textes des formalistes russes,* Seuil, París.

Torrente Ballester, G. [2017], *Teoría de la novela,* Ediciones Deliberar, Madrid.

Trevi, E. [2012], *Qualcosa di scritto. La vita quasi vera di un incontro con Pier Paolo Pasolini,* Ponte alle Grazie, Milán. Hay edición española como *Algo escrito,* J. M. Salmerón Arjona (tr.), Sexto Piso, Madrid, 2019.

Vallejo, I. [2019], *El infinito en un junco. La invención de los libros en el mundo antiguo*, Siruela, Madrid, 2020[6].

Vargas Llosa, M. [1975], *La orgía perpetua,* Taurus, Madrid.

Vázquez Montalbán, M. [2025], «Una autobiografía entre el suicidio y el asesinato o quizás una hábil y simple técnica de exorcismo», en *El escriba sentado,* Altamarea, Madrid, pp. 196-205.

Vázquez Montalbán, M. [2025b], «Posdata: Elogio sentimental de la Bombay», en *El escriba sentado,* Altamarea, Madrid, pp. 247-250.

Vila-Matas, E. [2007], «Autobiografía caprichosa», en M. Heredia (ed.), *Vila-Matas portátil. Un escritor ante la crítica,* Candaya, Barcelona.

Vila-Matas, E. [2002], *El mal de Montano,* Anagrama, Barcelona.

Vilain, Ph. [2005], *Défense de Narcisse,* Grasset, París.

Viñao Frago, A. [1999], «Alfabetización y primeras letras (siglos xvi-xvii)», en Castillo [1999:39-84].

Wells, H. G., *The Contemporary Novel,* lo he consultado en línea; el interesado lo encontrará de manera fácil si guglea el título en cuestión.

Wharton, E. [2025], *El oficio de narrar,* V. Lynagh (tr.), Altamarea, Madrid (en prensa).

Willes, M. [2008], *Reading Matters. Five Centuries of Discovering Books,* Yale University Press, New Haven.

Winters, D. [2013], «Gordon Lish: famous for all the wrong reasons», *The Guardian,* 29 de agosto de 2013.

Wood, M. [1981], reseña de Raymond Carver, *What we Talk About When we Talk About Love, The New York Times,* 26 de abril de 1981.

Woolf, V. [2020], *Una habitación propia* [1929], J. L. Borges (tr.), De Bolsillo, Barcelona.

www.raymondcarverreview.org

Yagoda, S. [2009], *Memoir. A History,* Riverhead, Nueva York.

Zweig, S. [1937], *Triunfo y tragedia de Erasmo de Rotterdam,* R. M. Tenreiro (tr.), Editorial Juventud, Barcelona, 1937[2].

Índice

«E il naufragar m'è dolce in questo mare»